蒋百里 刘邦骥讲孙子

蒋百里 刘邦骥 著

百花洲文艺出版社
BAIHUAZHOU LITERATURE AND ART PRESS

图书在版编目（CIP）数据

蒋百里 刘邦骥讲孙子 / 蒋百里，刘邦骥著．-- 南昌 : 百花洲文艺出版社，2020.9（2023.9 重印）
ISBN 978-7-5500-3799-1

Ⅰ．①蒋… Ⅱ．①蒋… ②刘… Ⅲ．①兵法－中国－春秋时代②《孙子兵法》－研究 Ⅳ．①E892.25

中国版本图书馆 CIP 数据核字（2020）第 139485 号

蒋百里　刘邦骥讲孙子

蒋百里　刘邦骥　著

出 版 人　陈　波
责任编辑　胡青松
特约编辑　何　薇　叶青竹
书籍设计　刘昌凤
出版发行　百花洲文艺出版社
社　　址　南昌市红谷滩世贸路 898 号博能中心一期 A 座 20 楼
邮　　编　330038
经　　销　全国新华书店
印　　刷　北京众意鑫成科技有限公司
开　　本　880mm×1230mm　1/32　　印张　5.375
版　　次　2020 年 9 月第 1 版
印　　次　2023 年 9 月第 2 次印刷
字　　数　92 千字
书　　号　ISBN 978-7-5500-3799-1
定　　价　59.80 元

赣版权登字　05-2020-115

邮购联系　0791-86895108
网　　址　http://www.bhzwy.com

《大师讲堂》系列丛书

▶ 总序

／吴伯雄

梁启超说："学术思想之在一国，犹人之有精神也。"的确，学术的盛衰，关乎一个民族的精神气象与文化氛围。民国是一个动荡不安的时代，内忧外患，较之晚清，更为剧烈，中华民族几乎已经濒临亡国灭种的边缘。而就是在这样日月无光的民国时代，却涌现出了一批批大师，他们不但具有坚实的旧学基础，也具备超前的新学眼光。加之前代学术的遗产，西方思想的启发，古义今情，交相辉映，西学中学，融合创新。因此，民国是一个大师辈出的时代，梁启超、康有为、严复、王国维、鲁迅、胡适、冯友兰、余嘉锡、陈垣、钱穆、刘师培、马一孚、熊十力、顾颉刚、赵元任、汤用彤、刘文典、罗根泽……单是这一串串的人名，就足以使后来的学人心折骨惊，高山仰止。而他们在史学、哲学、文学、考古学、民俗学、教育学等各个领域所取得的成就，更是创造出了一个异彩纷呈的学术局面。

岁月如轮，大师已矣，我们已无法起大师于九原之下，领教大师们的学术文章。但是，"世无其人，归而求之吾书"（程子语）。

大师虽已远去，他们留下的皇皇巨著，却可以供后人时时研读。时时从中悬想其风采，吸取其力量，不断自勉，不断奋进。诚如古人所说："圣贤备黄卷中，舍此安求？"有鉴于此，我们从卷帙浩繁的民国大师著作当中，精心编选出版了这一套《大师讲堂》系列丛书，分辑印行，以飨读者。原书初版多为繁体字竖排，重新排版字体转换过程当中，难免会有鲁鱼亥豕之讹，还望读者不吝赐正。

吴伯雄，福建莆田人，1981年出生。2003年考入福建师范大学古代文学研究系，师从陈节教授。2006年获硕士学位。同年9月考入复旦大学中文系古代文学专业，师从王水照先生。2009年7月获博士学位。同年9月进入福建师范大学文学院古代文学教研室工作。推崇"博学而无所成名"。出版《论语择善》(九州出版社)、《四库全书总目选》(凤凰出版社)。

目录

蒋百里　刘邦骥讲孙子

统读十三篇，以主德始，以妙算终，此孙子之微言大义也。其每篇标题之字，亦不过如“学而”“雍也”之类，勿庸刻舟求剑。他本《计篇》《形篇》《势篇》有作《始计篇》《军形篇》《军势篇》者，殊未当也。《势篇》之首以奇正虚实对举，而下文专论奇正，颇似制艺中上全下偏体裁。若欲与《虚实篇》对待标题，则即题为“奇正篇”亦可也。然古人决不如此板滞，亦“学而”“雍也”之意而已。世儒见“九变”“九地”两“九”字对举，遂指“九变”为九地之变。胶柱鼓瑟，滞碍甚多，均辞而辟之矣。

计篇第一 论军政与主德之关系

管子曰："计先定于内，而后兵出于境。"故用兵之道，以计为首也。

此一篇论治兵之道在于妙算，而以"主孰有道"一句为全篇之要旨。盖主有道，则能用正道亦能用诡道，无往而不胜矣，所以篇末即专重于妙算也。宜分为四节读之。自首至"不可不察"为第一节，总论兵为国之大事，死生存亡所关，不可不察。自"故经之以五校之计"至"必败，去之"为第二节，论治兵之正道。自"计利以听"至"不可先传也"为第三节，论用兵之诡道。自"夫未战"至末为第四节，总论胜负之故，仍以妙算为主，惟有道之主而后妙算胜也。

孙子曰：兵者，国之大事，死生之地，存亡之道，不可不察也。

右*第一节总论兵为国之大事，国之存亡、人之生死皆由于兵，故须审察也。

故经之以五校之计而索其情：一曰道，二曰天，三曰地，四曰将，五曰法。道者，令民与上同意也，故可与之死，可与之生，而民不畏危。天者，阴阳、寒暑、时制也。地者，远近、险易、广狭、死生也。将者，智、信、仁、勇、严也。法者，曲制、官道、主用也。凡此五者，将莫不闻，知之者胜，不知者不胜。故校之以计而索其情，曰：主孰有道？将孰有能？天地孰得？法令孰行？兵众孰强？士卒孰练？赏罚孰明？吾以此知胜负矣。将听吾计，用之必胜，留之；将不听吾计，用之必败，去之。

右第二节皆论治兵之正道也。五校之计，以道为最要。道，即仁义之谓也。故得其道，则民可与共生死而不畏危，道之时义大矣哉。天为阴阳、寒暑、时制也者。阴阳者，相其阴阳，以为驻军之预备，《行军篇》所谓“贵阳贱阴”、《地形篇》所谓“先处高阳”之类是也。寒暑者，审量寒暑，以为行军作战之预备。将欲北征，必筹防寒之具，将欲南征，必筹防暑之具，或冬夏兴师之时，则防寒防暑之具尤为紧要是也。时制者，因时制宜以筹兵器、堡垒之进

* 原书文字为竖排，故称上文为“右”，相当于横排本的“上”字，为保留原书风貌，点校时对此字未作改动。下文多处出现“右”字，同此。

步改良也。上古为白刃时代，中古为火攻时代，近古为枪炮时代，皆因时定制也。此三者皆关乎天之方向、天之气候、天之运会，故曰天也。地为远近、险易、广狭、死生者，即第十篇“地形”是也，所谓“用兵者贵先知地形也”。将为智、信、仁、勇、严者。能机权、识变通之谓“智”，刑赏不惑之谓“信”，爱人悯物之谓“仁”，决胜乘势之谓“勇”，威刑肃三军之谓“严”；此五德者，为将者所宜备也。法为曲制、官道、主用者。曲制为部曲之制，若今之军制司所掌者是也。官道者，任官分职之道，若今之军衡司所掌者是也；主用者，掌军之费用，若今之军需司所掌者是也。凡此五者，皆为将之要道，故为将者“知之则胜，不知则不胜也”。“校之以计”者，谓当尽知五事、待七计，以尽其情也。“主孰有道”，即五校之道也；“将孰有能”，即五校之将也；“天地孰得”，即五校之天与地也；“法令孰行”“兵众孰强”“士卒孰练”“赏罚孰明”者，即五校之法也；此七者乃五校之纲目也。将听吾计必胜者，吾即主也，主与将同心合德，则未有不胜者矣。然必有道之主乃能将将，吾故曰“主孰有道”为此篇之要旨也。此以上皆言治兵之正道也。

计利以听，乃为之势，以佐其外。势者，因利而制权也。兵者，诡道也。故能而示之不能，用而示之不用，近而示之远，远而示之近。利而诱之，乱而取之，实而备之，强而避之，怒而挠之，卑而骄之，佚而劳之，亲而离之。攻其无备，出其不意。此兵家之胜，不可先传也。

右第三节皆论用兵之诡道也。“计利以听，乃为之势，以佐其外”者，计利既定，则当乘形势之便以运用于常法之外也。势者，因利而制权也者，因利行权以制之也。兵者，诡道也者，兵不厌诈之谓也。“能而示之不能”者，强而示之以弱也。“用而示之不用”者，外示之以怯也。“近而示之远，远而示之近”者，令敌失备也。“利而诱之”者，彼贪利则以货诱之也。“乱而取之”者，诈为纷乱，诱而取之也。“实而备之”者，敌治实须备之也。“强而避之”者，避其所长也。“怒而挠之”者，敌持重，则激怒以挠之也。“卑而骄之”者，示以卑弱，以骄其心也。“佚而劳之”者，多奇兵以罢劳之也。“亲而离之”者，以间离之也。“攻其无备，出其不意”者，击其懈怠，袭其空虚也。“此兵家之胜，不可先传也”者，临敌应变制宜，不可须言者也。此以上皆言用兵之诡道也。总而言之，正道诡道皆以庙算为主，故下文即申明庙算以总结之。

夫未战而庙算胜者，得算多也；未战而庙算不胜者，得算少也。多算胜，少算不胜，而况于无算乎！吾以此观之，胜负见矣。

右第四节本上文“道”字及“主孰有道”以立言，故推本于妙算也。妙算者，即主之道也。五校七事十二诡道，皆妙算也。筹策深远，则其计所得者多；谋虑浅近，则其计所得者少。故曰多算少算，不必泥乎数目之多少也。然妙算之多少，仍为有道之主言之。若无道，别无算矣。故曰全篇要旨，在乎“主孰有道”也。此“主”字，因时代不同，其解释亦不能不为之详说，以坚军人信仰拱卫之心，而奠国家长治久安之计。旷观中国五千年历史，所谓“主”者，专属之皇帝，无论其传贤也、传子也、官天下也、家天下也，亦无论其自称之如何，皇王后辟可也、甲乙丙丁亦可也，但使其尊无二上、遂群以皇帝目之，此中国历史之旧观念也。横览外国五大洲国体，则所谓“主”者，确有二义：传子之家天下，则谓之皇帝；传贤之官天下，则谓之大总统。其实皆尊无二上之代名词，有总揽全国主权、土地、人民之全权，而毫不受外国之干涉、牵制、侵夺、保护者。则无论其为皇帝、为大总统，均为全国之主。此地球各国之新解释也。在孙子当日，对吴王阖闾立言，则此“主”字，不过狭义而已。然兵学为立国之要素，而孙子之精义，古今中外，咸不能出其范围，则其所谓“主”之广义，即尊无二上之皇帝及大总统也。是故人民对于主，有当兵之义务，有纳税之义务，有神圣不可侵犯之义务，而主之对于人民，当以有道为标准。此天下古今万国之通义也。

作战篇第二 论军政与财政之关系

王皙曰："计以知胜，然后兴战，而具军费，犹不可以外也。"

此一篇论军政与财政之关系。凡作战之道，宜速不宜久，故以"久"字为全篇之眼目，治军者所当深戒也。宜分四节读之。自篇首至"其用战也胜"为第一节，论军之编制及饷需也。自"久则钝兵挫锐"至"十去其六"为第二节，论军久则财匮也。自"故智将"至"益强"为第三节，论军胜则可以得敌之财，而节省己之财也。末则大书特书曰"兵贵胜，不贵久"，民命所关、国家安危之所系也。故曰此一篇论军政与财政之密切关系，不可不慎也。

孙子曰：凡用兵之法，驰车千驷，革车千乘，带甲十万，千里馈粮，则内外之费、宾客之用、胶漆之材、车甲之奉，日费千金，然后十万之师举矣。其用战也胜。（此句诸家聚讼纷如，《御览》作“其用战也，久则钝兵挫锐”，无胜字，而以久字属下。然去一“胜”字，殊觉未安，诸家皆作“胜久”，亦觉费解，茅元仪作“其用战也胜”为句，以足上文之意，较为稳妥，故从之。）

右第一节论军之编制及饷需也。古者十万之师，其编制为驰车千、革车千。驰车，轻车也，即攻车也。每车一乘，前拒一队，左右角二队，共七十五人。千乘，则七万五千人矣。革车，重车也，即守车也。每车一乘，炊子十人，守装五人，厩养五人，樵汲五人，共二十五人。千乘，则二万五千人矣。乘，驷马也。千乘即千驷也，共马八千匹也。此一军之编制也。“千里馈粮”者，即今之兵站部是也。“内外之费”者，军出于外，则帑藏竭于内也。“宾客之用”者，李太尉曰：“三军之门，必有宾居论议也。”“胶漆之材，车甲之奉”者，举其细者大者约言之也。“日费千金”者，概算也，此一军之饷需也。以上言十万之师，一日之费如此，则多一日，即竭一日之财，可见师老则财必匮也。“其用战也胜”者，谓十万之师用之于战，有可胜之道也。以上论军之编制，及饷需之大概情形也。

久则钝兵挫锐，攻城则力屈，久暴师则国用不足。夫钝兵挫锐，屈力殚货，则诸侯乘其弊而起，虽有智者，不能善其后矣。故兵闻拙速，未睹巧之久也。夫兵久而国利者，未之有也。

故不尽知用兵之害者，则不能尽知用兵之利也。善用兵者，役不再籍，粮不三载；取用于国，因粮于敌，故军食可足也。国之贫于师者远输，远输则百姓贫；近于师者贵卖，贵卖则百姓财竭，财竭则急于丘役。力屈财殚，中原内虚于家。百姓之费，十去其七；公家之费，破车罢马，甲胄矢弩，戟楯蔽橹，丘牛大车，十去其六。

右第二节极论军久则财匮也。“久则钝兵挫锐，攻城则力屈，久暴师则国用不足”者，力言久战之足以亡国。以下遂重言反覆以申明之，无非以兵久则财匮，财匮于上，则民怨于下，敌国乘其危殆而起，虽伊吕复生，不能救此败亡也。故用兵之道，以拙速为主，巧则必不能久，故曰未睹也。拙者，并气积力，加以谋虑，一举而灭之，使敌人失其战斗力，非拙笨之谓也。巧者，诡道之类，可以用于一时，决不可以持久，久则恐生后患也。总而言之，用兵久则非国之利，故曰“兵久而国利者，未之有也”，故用兵者当先知用兵之害，不知其害则不知其利也。用兵之害，即老师殚货之谓也。用兵之利，即擒敌制胜之谓也。必先去其害，而后可言利也。“役不再籍”者，一战而者，不再发兵也。“粮不三载”者，往则载焉，归则迎之，不三载也。不困乎兵，不竭乎国，此即所谓速而利也。“取用于国”者，兵甲战具取用于国中也。“因粮于敌”者，入敌国则资敌之粮也。此以上言善用兵者之效也。“远输则百姓贫”者，远输则农夫耕牛俱失南亩，故百姓贫也。“贵卖则百姓财竭”者，师徒所聚，百物暴贵，人贪非常之利，则竭财力以卖之。初虽获利，终必力疲货竭也。“财竭则急于丘役”者，使丘出甸赋，违常制也。丘，十六井也；甸，六十四井也。丘出甸赋，则是以丘而担负一甸之役也。“中原内虚”“百姓之费，十去其七”者，民不聊生之谓也。此以上言民之困也。“破车”者，以久战而破也。“罢马”者，以久战而疲也。甲胄矢弩、戟楯蔽橹、大牛大车，以久战而十去其六也。此以上言公家之困也。总而言之，军久则财匮也。

故智将务食于敌。食敌一钟，当吾二十钟；萁秆一石，当吾二十石。故杀敌者，怒也；取敌之利者，货也。故车战，得车十乘以上，赏其先得者，而更其旌旗，车则杂乘之，卒善而养之，是谓胜敌而益强。

右第三节极言胜之利也。胜则不失我之财，而可以得敌之财，且可以益我之财也。得敌之一钟一石，皆有二十倍之利也。“杀敌者，怒也；取敌之利者，货也”者，此二句言欲因粮于敌者，当先激吾人以怒，利吾人以货。怒则人人自战，以货陷之则人自为战，必可以破敌而得其军实也。“得车十乘已上，赏其先得”者，奖一以励百也。“更其旌旗”者，变敌之色令与吾同也。“车杂而乘之”者，与我车杂用也。“卒善而养之”者，抚以恩信，使为我用也。此以上言处置战利品及俘虏之方法也。“是谓胜敌而益强”者，因敌以胜敌，何往而不强也。此又总结上文，善用兵者之效果，皆胜之利，非久之利也。

故兵贵胜，不贵久。故知兵之将，生民之司命，国家安危之主也。

右第四节极言与其久也，不如其胜也。所以重言以申明作战之本旨，在此不在彼也。必如此而后可谓之知兵之将，可以为民之司命，可以为国家安危之主矣。故曰此一篇论军政与财政之关系也。

谋攻篇第三 论军政与外交之关系

王皙曰："谋攻敌之利害，当全策以取之，不锐于伐兵攻城也。"

此一篇论军政与外交之关系。军政者，外交之后盾；而外交者，军政之眼目也。以"知己知彼"四字，为全篇之归宿。知己者，军政也；知彼者，外交也。无军政，不可以谈外交；无外交，亦不能定军政之标准也。全篇宜分为六节读之。第一节自首至"善之善者也"，论谋攻之本源，军政修自然无外患，此谋攻之根本问题也。第二节自"上兵伐谋"至"攻之灾"，论谋攻之巧拙均视乎外交，外交得则军政得，外交失则军政失也。第三节自"善用兵者"至"大敌之擒也"，论谋攻之利害方法，悉以外交为眼目也。第四节自"夫将者"至"乱军引胜"，论不知谋攻之要旨，则外交失败，而诸侯之师至矣。第五节自“知胜有五”至“知胜之道”，实以外交之眼光、心力，定军政之因革损益也。第六节大声疾呼曰“知己知彼，百战不殆”，以见谋攻之要旨，其本源实系乎外交，此全篇之大旨也。

孙子曰：凡用兵之法，全国为上，破国次之；全军为上，破军次之；全旅为上，破旅次之；全卒为上，破卒次之；全伍为上；破伍次之。是故百战百胜，非善之善者也；不战而屈人之兵，善之善者也。

右第一节论谋攻之本源，当计出万全。“全国”者，以方略气势令敌人以国降，上策也。“全军”者，降其城邑，不破我军也。五百人为旅，百人以上为卒，五人为伍。国军卒伍，不问大小，全之则威德为优、破之则威德为劣也。百战百胜，必多杀伤，故曰“非善”也。未战而敌自屈服，即以计胜敌也，故曰“善”也。此以上言谋攻之本源也，军政修则自然无外患也。

故上兵伐谋，其次伐交，其次伐兵，下政攻城。攻城之法，为不得已，修橹轒辒，具器械，三月而后成，距堙，又三月而后已。将不胜其忿而蚁附之，杀士三分之一，而城不拔者，此攻之灾。

右第二节言谋攻之巧拙，视乎外交。外交得则可以伐谋伐交，而军政得矣；外交失则伐兵攻城，而军政失矣，所谓“攻之灾”也。“伐”有竞争之义，与《尚书》“不矜不伐”之“伐”同解。“上兵伐谋”者，胜于无形，以智谋屈人，最为上也。“其次伐交”者，交合强国，使敌不敢谋我；或先结邻国，为犄角之势，则我强而敌弱也。此二者，即以外交为军事之耳目也。至于“伐兵”，则临敌对阵矣，故又为其次。至于不得已而攻城，则顿兵坚城之下，师老卒惰、攻守殊势、客主力倍，胜负之数尚未可知，故曰下政也。自“修橹”至“攻之灾”，极言攻城之害，非不得已不为此也。“橹轒辒”者，飞楼云梯之属。“距堙”者，积土为山曰“堙”，以距敌城、观其虚实也。“蚁附”者，使士卒缘城而上，如蚁之缘墙也。可见伐谋伐交者，外交之得手也；伐兵攻城，则无外交之可言也。

故善用兵者，屈人之兵而非战也，拔人之城而非攻也，毁人之国而非久也。必以全争于天下，故兵不顿而利可全，此谋攻之法也。故用兵之法，十则围之，五则攻之，倍则分之，敌则能战之，少则能逃之，不若则能避之。故小敌之坚，大敌之擒也。

右第三节前言全争全利，皆外交之手腕也；后言伐兵及不得已而攻城，亦有其要道焉，否则必成擒也。“屈人之兵而非战”者，言伐谋伐交不至于战也。“拔人之城而非攻，毁人之国而非久”者，攻则伤财，久则生变，皆全国全军全旅全卒全伍之谋也。“全争于天下”者，即全国全军全旅全卒全伍之谓。以全胜之计争天下，是以不烦兵而收利也。此以上皆言伐谋伐交之方法，故曰谋攻之法也。自此以下，则言伐兵攻城，利害参半，终不若伐谋伐交之全利也。“十则围之”者，彼一我十，可以围也。“五则攻之”者，三分攻城，二分出奇以取胜也。“倍则分之”者，分为二军，使其腹背受敌也。“敌则能战之”者，势力均则战也。“少则能逃之”者，逃伏也，谓能倚固逃伏以自守也。“不若则能避之”者，引军避之，待利而动也。“小敌之坚，大敌之擒也”者，承上文而言，不逃不避，虽坚亦擒也。自此以上，皆言伐兵攻城之利害相半也。故曰谋攻之利害方法，悉以外交为眼目也。

夫将者，国之辅也。辅周则国必强，辅隙则国必弱。故君之所以患于军者三：不知军之不可以进，而谓之进，不知军之不可以退，而谓之退，是谓縻军；不知三军之事，而同三军之政者，则军士惑矣；不知三军之权，而同三军之任，则军士疑矣。三军既惑且疑，则诸侯之难至矣，是谓乱军引胜。

右第四节论为君为将者，不知谋攻之要旨，而不以外交为军政之眼目，一意孤行则无有不败亡者也。将为国辅者，此“将”之广义也。言为“将”者，不但以能统兵为天职，尤当洞明外交大势，以辅其国。所以今之公使馆皆派驻武官，专以刺探敌国之兵备、政治、国交为主。将周则强，将隙则弱，故选定驻外武官，不可不慎。（此事求之历史，颇乏先例，惟《管子·小匡篇》使隰朋为行，曹孙权处楚，商容处宋，季劳处鲁，徐开封处卫，郾上处燕，番友处晋，有似乎驻外特派员之例，然未限用武官。盖古者文武之界未分，凡为将者，未有不敦诗说礼者也。惟秦伯之复用孟明，实因其久驻外国而利用之，颇有似乎驻外武官之义。不过当时情势，未尝特派耳。）“周”者，才智周备也。“隙”者，才不周也。将得其人，则为君者不可从中御，所谓“将在外君命有所不受”也。若君必从中御，则其患有三：一曰縻军，二曰惑军，三曰疑军。縻军者，进退失据，是縻绊其军也。惑者，不知治军之务而参其政，则军众惑乱也。疑者，不知权谋之道而参其任，则军众疑贰也。縻之于中而疑惑于外，军政废弛，而诸侯之师至矣。是自乱其军而自去其胜也，尚何外交之可言哉。

故知胜有五：知可以战与不可以战者胜，识众寡之用者胜，上下同欲者胜，以虞待不虞者胜，将能而君不御者胜。此五者，知胜之道也。

右第五节论谋攻之道，当以外交之眼光、心力，定军政之因革损益也。“可以战与不可以战”者，即料敌之虚实也。“识众寡之用”者，用兵之法，有以少胜众、以多胜寡者，所谓师克在和也。“上下同欲”者，上下共同其利欲也。“以虞待不虞”者，以我有法度之师，击彼无法度之兵也。“将能而君不御”者，阃以外，将军制之也。此五者，皆准两军之得失言之也。敌知此则敌胜，我知此则我胜，是之谓“知胜之道”。故曰以外交之眼光、心力，定军政之因革损益也。

故曰：知彼知己，百战不殆；不知彼而知己，一胜一败；不知彼不知己，每战必败。

右第六节言谋攻之要旨，全系乎外交。所以谓外交为军政之眼目，而军政为外交之后盾，诚千古不刊之论也。所谓“知己知彼，百战不殆”者，外交详慎、军政修明，自然百战不殆也，所谓“审知彼己强弱之形，虽百战实无危殆”也，即上文伐谋伐交全争全利之谓也。“不知彼而知己，一胜一负”者，所谓守吾气而有待，知守而不知攻也。“不知彼不知己，每战必殆”者，是谓狂寇，不败何待也。不知彼，即不知伐谋伐交之谓也；不知己，即不知伐兵攻城之谓也。四者俱失，则内政外交均失败矣，乌足以言谋攻哉！

形篇第四 论军政与内政之关系

杜牧曰："因形见情。无形者情密，有形者情疏。密则胜，疏则败也。"

此一篇论军政与内政之关系，以修道保法为一篇之主脑。其以"形"名篇者，有有形之军政，有无形之军政。有形之军政，即兵器、战备、营阵、要塞之类是也；无形之军政，即道与法是也。而道与法皆内政之主体，故曰此篇为军政与内政之关系也。宜分四节读之。第一节自首至"不可为"，论军政当以修道保法为不可胜之形，此所谓无形之军政也。第二节自"不可胜者守也"至"全胜也"，论有形之军政，无论攻守，苟能修道保法均可以全胜也。第三节自"见胜不过"至"而后求胜"，论无形之军政，在乎胜易胜之敌，在乎胜已败之敌也。所谓"先胜后求战"者，此也。第四节自"善用兵者”至末，始将修道保法揭出，以见无形之军政，全系乎内政也。

孙子曰：昔之善战者，先为不可胜，以待敌之可胜。不可胜在己，可胜在敌。故善战者，能为不可胜，不能使敌必可胜。故曰：胜可知而不可为。

右第一节极言内政为军政之根本。“先为不可胜，以待敌之可胜”，非内政修明者，决不能有此成效。而其为之之术、待之之方，全在乎修道保法而已。“先为不可胜”者，先为敌人不可胜我之形也。“待敌之可胜”者，待敌人有可胜之形而乘之也。“不可胜在己，可胜在敌”者，不可胜者，修道保法也，故在己；可胜者，有所隙也，故在敌。“能为不可胜，不能使敌必可胜”者，修道保法在己，故能为不可胜；若敌人亦修道保法，则决不能使敌必可胜也。“胜可知而不可为”者，有形之胜可知，无形之胜不可强为也。以上总论有形则可胜，无形则不可胜。盖以修道保法，则内政修明，自然胜于无形矣。

不可胜者，守也；可胜者，攻也。守则不足，攻则有余。善守者，藏于九地之下；善攻者，动于九天之上，故能自保而全胜也。

右第二节言攻守为有形之军政，然仍必有无形之军政，而后乃能自保而全胜也。其要仍在乎修道保法而已。“不可胜者，守也”者，未见敌人有可胜之形，己则藏形，为不胜之备以自守也。“可胜者，攻也”者，敌有可胜之形，则当出而攻之也。“守则不足，攻则有余”者，力不足则守，力有余则攻，非百胜不战，非万全不斗也。“善守者，藏于九地之下”者，喻幽而不可知也。“善攻者，动于九天之上”者，喻来而不可备也。此言以无形之军政，用之于攻守，若秘于地、若辽于天，令人不可测度；故以守则自保，以攻则全胜也，非修道保法之效哉？

见胜不过众人之所知，非善之善者也；战胜而天下曰善，非善之善者也。故举秋毫不为多力，见日月不为明目，闻雷霆不为聪耳。古之所谓善战者胜，胜易胜者也。故善战者之胜也，无智名，无勇功，故其战胜不忒。不忒者，其所措必胜，胜已败者也。故善战者，立于不败之地，而不失敌之败也。是故胜兵先胜而后求战，败兵先战而后求胜。

右第三节论无形之军政，有非众人之所能知、非天下之所能见者，其要在于胜易胜者、胜已败者而已。盖未战之先，即已有可胜之道、有可胜之法，并非既战而后求胜也。“见胜不过众人之所知”者，众人之所见，破军杀将，然后知胜也，故不得谓之善也。“战胜而天下曰善”者，战而后能胜，众人称之，故亦不得谓之善也。秋毫、日月、雷霆，皆众人易见易闻之事，不足言也。“古之所谓善战者胜”，谓古之所贵乎战者，胜而已矣。而胜之中有道焉，所谓“胜易胜者”是也；有法焉，所谓“胜已败者”是也。“胜易胜者”，以无形之道，攻敌于无形也。所谓见微察隐，破之于未形也，所以无智名无勇功、其战不忒、所措必胜也，所谓道也。“胜已败者”，以无形之法，败敌于无形也。盖察知敌人有必可败之形，然后措兵以胜之耳，所以常立于不败之地，而不失敌之败也，所谓法也。总而言之，皆计谋先胜而后兴师，故以战则克。所谓无形之军政，非众人所知也。

善用兵者，修道而保法，故能为胜败之政。兵法：一曰度，二曰量，三曰数，四曰称，五曰胜。地生度，度生量，量生数，数生称，称生胜。故胜兵若以镒称铢，败兵若以铢称镒。胜者之战民也，若决积水于千仞之谿者，形也。

右第四节，此节始将修道保法四字揭出，以见修道保法者内政也，即无形之军政也。“道”即五校之道也。“法”即五校之法也。修之保之，即可以伺敌而败之也，谓非军政与内政之关系哉？而修道保法，则有度、量、数、称、胜五者之兵法在焉，不可不知也。“地生度”者，因地而自度其德，有德者胜也。“度生量”者，既度其德，又必量力，有力者胜也。“量生数”者，德足以胜之，力足以胜之，而军实之数不可不数也。“数生称”者，称所以权轻重也，军实充足尤必权其利害，两利相形则取其重，两害相形则取其轻也。“称生胜”者，利害之轻重既审，乃可以应敌而制胜也。此以上皆修道保法者所宜知也。二十两为镒，二十四铢为两，铢轻而镒重也。“胜兵若以镒称铢”，力易举也。“败兵若以铢称镒”，轻不能举重也。八尺曰仞，“决积水于千仞之谿”，其势疾也。此以上皆极力形容胜败之形也。

势篇第五 论奇正之妙用

曹公曰："用兵任势也。"

此一篇发明第一篇因利制权及诡道之义也。财政、外交、内政均已修明，然后可言用兵，故首篇谓五校、七事均已详备，然后为之势以佐其外。势者，帅诡道也。然诡道之界说有二：一曰奇正，一曰虚实。此篇专论奇正之诡道，以"兵事不过奇正"一句为一篇之纲领也。分四节读之。自首至"孰能穷之哉"为第一节，论势有奇正虚实，而以"战势不过奇正"一句为主脑。可见"奇正"二字，即势之确诂也；"虚实"二字，即于次篇发明之。自"激水之疾"至"如发机"为第二节，论势之形状，所谓能近取譬也。自"纷纷纭纭"至"以卒待之"为第三节，论用势之方法，乃第一篇诡道十二种之意也。自"战者求之于势"至末为第四节，论势为作战之本，特揭明择人任势四字以结束之，而复取木石以形容之也。

孙子曰：凡治众如治寡，分数是也；斗众如斗寡，形名是也；三军之众，可使必受敌而无败者，奇正是也；兵之所加，如以碫投卵者，虚实是也。凡战者，以正合，以奇胜。故善出奇者，无穷如天地，不竭若江河。终而复始，日月是也；死而复生，四时是也。声不过五，五声之变，不可胜听也；色不过五，五色之变，不可胜观也；味不过五，五味之变，不可胜尝也；战势不过奇正，奇正之变，不可胜穷也。奇正相生，如循环之无端，孰能穷之？

右第一节以“战势不过奇正”一句为主，其余皆客也。以分数、形名二者为奇正之本体，而以虚实为奇正之妙用也。分数、形名二者，为正合也；虚实者，为奇胜。故曰“以正合，以奇胜”也。天地、江河、日月、四时、五声、五色、五味，皆有奇有正，战亦犹是也。分数者，统众既多，必先分偏裨之任，定行伍之数，使不相乱，然后可用也。形者，阵形也。名者，旌旗也。形名已定，志专势孤，人自为战，故战百万之兵，如战一夫也。奇正者，当敌以正阵、取胜以奇兵，前后左右俱能相应，则常胜而不败也。碫，砺石也。碫实卵虚，以实击虚犹以坚破脆也。“以正合，以奇胜”者，战无其诈难以胜敌也。天地，动静不居也；江河，通流不绝也；日月四时，盈亏寒暑不停也。天地、日月、四时，以喻奇正相变、纷纭浑沌、终始无穷也。五声、五色、五味，以喻奇正相生之无穷也。战势不过奇正，此孙子大书特书之笔。明乎奇正之变，则万途千辙，乌可穷尽也。奇正相生如循环之无端，敌不能穷我也。此一节以“奇正”二字为势之确诂也。

激水之疾，至于漂石者，势也；鸷鸟之疾，至于毁折者，节也。是故善战者，其势险，其节短。势如彍弩，节如发机。

右第二节论势之形状，如激水之漂石，势峻则巨石虽重不能止也；然必有节焉，如鸷鸟之能节量远近，然后能毁折物也。其势险者，如水得险隘而成势也；其节短者，如鸷鸟之发，近则搏之也。势如弹弩者，如弩之张，势不逡巡也；节如发机者，如机之发，节近易中也。此一节以水石、鸷鸟、弩机为势之喻也。

纷纷纭纭，斗乱而不可乱也；浑浑沌沌，形圆而不可败也。乱生于治，怯生于勇，弱生于强。治乱，数也；勇怯，势也；强弱，形也。故善动敌者，形之，敌必从之；予之，敌必取之。以利动之，以卒待之。

右第三节论用势之方法，仍不离乎第一篇诡道十二种之意也。“斗乱而不可乱”者，分数形名，整齐严肃，自然不可乱也。“形圆而不可败”者，奇正虚实，万变不测、如环无端，自然不可败也。

“乱生于治”者，伪为乱形，以诱敌人，先须自治，乃能为伪乱也。“怯生于勇”者，伪为怯形，以伺敌人，先须有勇，乃能为伪怯也。“弱生于强”者，伪为弱形，以骄敌人，先须自强，乃能为伪弱也。故曰生也。“治乱，数也”者，实治而伪示以乱，明其部曲行伍之数也。“勇怯，势也”者，实勇而伪示以怯，因其势也。“强弱，形也”者，实强而伪示以弱，见其形也。“形之，敌必从之”者，移形变势，诱动敌人，敌必堕我计中也。“予之，敌必取之”者，诱之以小利，敌必来取也。“以利动之，以卒待之”者，形之既从，予之又取，是能以利动之而来也，则以劲卒待之可也。此以上皆言用势之方法，无往而非诡道也。

故善战者，求之于势，不责于人，故能择人而任势。任势者，其战人也，如转木石。木石之性，安则静，危则动，方则止，圆则行。故善战人之势，如转圆石于千仞之山者，势也。

右第四节，此一篇论势为作战之本，而以择人任势为作战之归结也。“求之于势，不责于人”者，自图于中，不求之于人也。择人任势者，任人之法，使贫、使愚、使智、使勇各任自然之势也。故曰择人任势者，为全篇之归结也。末复以木石、动静、方圆、行止为任势之喻，孙子垂教万世之意，至深且远矣。

虚实篇第六 论虚实之至理

杜牧曰：“夫兵者，避实击虚，先须识彼我之虚实也。”

此一篇承上篇而发明虚实之利，仍第一篇之诡道也。上篇以分数、形名为奇正之本体，而以虚实为奇正之妙用。故上篇以“战势不过奇正”一句为主，极力发明奇正之利。此篇即以“避实击虚”一句为主，以“致人而不致于人”一句为全篇之枢纽，极力发明虚实之利，仍不外乎诡道而已。宜分四节读之。第一节自首至“不致于人”，总论虚实之妙诀在乎“致人而不致于人”，而以先后劳佚四字为虚实之作用，全篇大旨尽于此矣。第二节自“能使敌人”至“可使无斗”，论虚虚实实之种种方法，其要诀仍在“致人而不致于人”也。第三节自“故策之”至“应形于无穷”，论善战者能详审乎虚实之理，而以无形为制胜之形，则虚实之义蕴毕宣矣。第四节自“兵形象水”至末，论虚实之用神妙莫测，如水、如五行、如四时、如日月，千变万化，不可方物，盖极力形容之也，总之不离乎诡道者近是。

孙子曰：凡先处战地而待敌者佚，后处战地而趋战者劳。故善战者，致人而不致于人。

右第一节总论虚实之妙诀在乎“致人而不致于人”而已。而所谓先后劳佚四者，即致人不致于人之妙诀，故可谓之为虚实之作用也。盖行军苟不占先制之利，则落人后，不能佚，则处于劳，而致于人矣，遑问虚实哉！以下种种虚虚实实方法，皆不外乎审先后劳佚之机而已。

能使敌人自至者，利之也；能使敌人不得至者，害之也。故敌佚能劳之，饱能饥之，安能动之。出其所不趋，趋其所不意。行千里而不劳者，行于无人之地也。攻而必取者，攻其所不守也；守而必固者，守其所不攻也。故善攻者，敌不知其所守；善守者，敌不知其所攻。微乎微乎，至于无形；神乎神乎，至于无声，故能为敌之司命。进而不可御者，冲其虚也；退而不可追者，速而不可及也。故我欲战，敌虽高垒深沟，不得不与我战者，攻其所必救也；我不欲战，画地而守之，敌不得与我战者，乖其所之也。故形人而我无形，则我专而敌分。我专为一，敌分为十，是以十共其一也，则我众而敌寡。能以众击寡者，则吾之所与战者，约矣。吾所与战之地不可知，不可知，则敌所备者多；敌所备者多，则吾所与战者寡矣。故备前则后寡，备后则前寡；备左则右寡，备右则左寡；无所不备，则无所不寡。寡者，备人者也；众者，使人备己者也。故知战之地，知战之日，则可千里而会战。不知战地，不知战日，则左不能救右，右不能救左，前不能救后，后不能救前，而况远者数十里，近者数里乎？以吾度，越人之兵虽多，亦奚益于胜败哉？故曰：胜可为也。敌虽众，可使无斗。

右第二节论虚虚实实之种种方法，均以“致人而不致于人”为要诀，无一而非诡道也。“能使敌人自至”者，诱之以利也。“能使敌人不得至”者，以害形之，敌患而不至也。“佚能劳之”者，使敌疲于奔命也。“饱能饥之”者，绝粮道以饥之也。“安能动之”者，攻其所爱使不得不动也。“出其所不趋，趋其所不意”者，使敌不得往救也。“行千里而不劳，如行无人之地”者，掩其空虚，攻战其不备，虽千里之征，人不疲劳也。“攻所不守”者，攻其虚也。“守其所不攻”者，守以实也。“敌不知其所守”者，待敌有可乘之隙，速而攻之，使其不能守也。“不知其所攻”者，常为不可胜，使敌不能攻也。“微乎神乎，无形无声，为敌之司命”者，攻守之术，微妙神密，至于无形无声，故敌人生死之命，皆主于我也。“冲其虚”者，乘虚而进，敌不知所御也。“速不可及”者，逐利而退，敌不知所追也。“攻其所必救”者，攻其要害也。“乖其所之”者，乖戾其道示以利害，使敌疑之，不敢攻我也。“形人”者，他人有形而我形不见，故敌必分兵以备我也。“十共其一”者，以我之专击彼之散，是以十共击其一也。“所与战者，约”者，以专击分，则我所敌少也。“吾所与战之地不可知”者，不使敌知也，敌不知则处处为备，故与我战者寡也。“备人”者，分兵而广备于人也。“使人备己”者，专而使人备己也。知战地战日，则可千里会战，不知战地战日，则左右前后亦不能救，不知虚实之故也。“越人之兵虽多奚益”者，越非吴越之越，《孙子十三篇》非专为攻越人作也，宜训为“过”，言兵虽过人，苟不知战地战日，亦无益于胜败也。“胜可为也”者，言敌若不知战地战日，则我之胜可为也。“敌虽众，可使无斗”者，分其力、多其备，则不可并力于斗也。此一节皆言虚虚实实之种种方法。利之、害之、劳之、饥之、动之、出之、趋之、攻之、取之、守之、固之、冲之、乖之、形之、分之、约之、寡之、右之、左之、前之、后之，总而言之，无一而非虚实之作用，即无一而非诡道也。

故策之而知得失之计，作之而知动静之理，形之而知死生之地，角之而知有余不足之处。故形兵之极，至于无形。无形，则深间不能窥，智者不能谋。因形而措胜于众，众不能知。人皆知我所以胜之形，而莫知吾所以制胜之形。故其战胜不复，而应形于无穷。

右第三节论战善者能详审乎虚实之理，而以无形为制胜之形，则应敌形于无穷，而虚实主义蕴毕宣矣。“策之”者，策敌情而知其计之得失也。“作之”者，为之利害，使敌赴之，可知其动静也。“形之”者，形之以弱，彼必进，形之以强，彼必退；因其进退，可知彼所据之地之死生也。“角之”者，较量彼我之力，而知其有余不足也。凡此者，皆所以比较虚实之理也。“形兵之极，至于无形”者，策之、作之、形之、角之，至于其极，卒归于无形也。“无形，则深间不能窥，智者不能谋”者，无形则虽有间者深来窥我，不能知我之虚实强弱；不泄于外，虽有智能之士，亦不能谋我也。“因形而措胜于众”者，因敌变动之形，以制胜也。“人皆知我所以胜之形，而不知吾所以制胜之形”者，言人但见我胜敌之形，而不知吾所以制胜之形，乃在因敌形而制此胜也。“战胜不复”者，不循前法也。“应形无穷”者，随敌之形而应之，出奇无穷也。总而言之，所谓制胜之形，即第一篇之诡道十二种，皆因敌形而应之也，所谓形兵之极至于无形者，即以无形为制胜之形也。

夫兵形象水，水之行，避高而趋下；兵之形，避实而击虚。水因地而制流，兵因敌而制胜。故兵无常势，水无常形，能因敌变化而取胜者，谓之神。故五行无常胜，四时无常位，日有短长，月有死生。

右第四节论虚实之用，神妙莫测；兵无常势，而因敌形以制胜，亦犹水之无常形，因地形而制流也，然其总诀不过曰避实击虚而已。然则避实击虚，安有一定之形乎？此所以谓无形也，亦不过因敌变化以取胜而已，可不谓神乎？末复以五行、四时、日月形容之，正以见虚实之妙用也。

军争篇第七 论普通战争之方略

曹公曰："两军争胜。"

此一篇论两军争胜之道也。庙算已定，财政已足，外交已穷，内政已饬，奇正之术已熟，虚实之情已审，即当授为将者以方略，而从事战争矣。宜分六节读之。第一节自首至"军争为危"，言军争之总方略，在乎占先制之利也。第二节自"举军"至"地利"，言军争虽以争先为第一要义，然而辎重、粮食、委积、敌谋、地形、乡导六者，亦不可不顾虑也。第三节自"兵以诈立"至"此军争之法"，论军争之动作也。第四节自"《军政》曰"至"变民耳目"，言治众之法也。第五节自"三军可夺气"至"治力"，言治气、治心、治力之法也。第六节自"正正之旗"至末，皆言治变之法也。

孙子曰：凡用兵之法，将受命于君，合军聚众，交和而舍，莫难于军争。军争之难者，以迂为直，以患为利。故迂其途，而诱之以利，后人发，先人至，此知迂直之计者也。故军争为利，军争为危。

右第一节论军争之总方略也。军争之法，占先则利、落后则危，故必以迂为直、以患为利，能先据其要害、先得其形胜，占先制之利，则可以与人争胜也，和军门也。“交和而舍”者，言与敌人对垒而舍也。“以迂为直，以患为利”者，谓所征之国，路由山险、迂曲而远，将欲争利，则当分兵出奇、随逐向导，由直路乘其不备急击之；虽有陷险之患，得利亦速也。“迂其途，而诱之以利，后人发，先人至”者，迂远其途，诱以小利，使我出奇之兵，后人发、先人至也，此以迂为直、以患为利之作用也。军争者，苟能明乎迂直之计，而能占先制之利，则军争为利矣；反乎此，则军争为危矣，可不慎哉！

举军而争利，则不及；委军而争利，则辎重捐。是故卷甲而趋，日夜不处，倍道兼行，百里而争利，则擒三将军。劲者先，疲者后，其法十一而至。五十里而争利，则蹶上将军，其法半至；三十里而争利，则三分之二至。是故军无辎重则亡，无粮食则亡，无委积则亡。故不知诸侯之谋者，不能豫交；不知山林、险阻、沮泽之形者，不能行军；不用乡导者，不能得地利。

右第二节言军争之时，虽宜先占制之利，然所当顾虑者，凡六事，不可不注意也。一曰辎重，二曰粮食，三曰委积，此大本营所当注意者也；四曰敌谋，五曰地形，六曰乡导，此前敌所当注意者也。假如举军中所有者而行，以争利，则军行迟滞矣；假如委弃辎重而争利，则军费缺乏矣。是以倍道兼行日夜百里者，则三军之将必为敌所擒也。何也？因其行军之时，强劲者在先，罢乏者在后，其能到作战区域者，不过十分之一耳。凡军行日三十里为一舍，假如日行五十里而争利，则所到者不过一半，故必蹶前军之将也。惟三十里而争利，则到者可三分之二，不失行列之政，不绝人马之利，庶几可以争胜也。综以上而观之，可知行军固贵乎占先制之利，然亦不可背乎行军原则。反乎此，则辎重、粮食、委积均不能携带，而军资匮乏矣，故此三者为大本营所当注意者也。不知诸侯之谋则不能伐谋伐交，盖不知敌谋则不能豫交也。不知山岭、险阻、沮泽之形则易陷入危险，故曰不能行军也。不用乡导，则不能知道路之利便，故曰不能得地利也。此三者，为前敌所当注意者也。此一节皆军争之时所当顾虑者也。

故兵以诈立，以利动，以分合为变者也。故其疾如风，其徐如林，侵掠如火，不动如山，难知如阴，动如雷震。掠乡分众，廓地分利，悬权而动。先知迂直之计者胜，此军争之法也。

右第三节论军争时之动作也。“以诈立”者，以变诈为本，使敌不知吾奇正之所在也。“以利动”者，见利乃动，不妄发也。“以分合为变”者，或分或合，以惑敌人，观其应我之形然后能变化以取胜也。“其疾如风，其徐如林”者，出奇之兵，争先制之利，故宜疾如风也；本队行动，有种种顾虑，故宜徐如林也。“侵掠如火，不动如山”者，前敌宜侵掠如火，大本营宜安固如山也。“难知如阴，动如雷霆”者，大本营之计划，宜秘密不使人知，如天之阴云莫测；而前敌之行动，则当如雷如霆，著著争先，如疾雷之不及掩耳也。“掠乡分众”者，攻击得手，则当分兵为数道而搜索之，惧不虞也。“廓地分利”者，既得敌地，则当分地防御，守其要害也。“悬权而动”者，兵之主力握于总司令之手，如权衡之秤物，视敌人之弱点而攻之，视我军之薄处而助之也。凡此者，皆当预审迂直之计，乃能制胜，故曰此军争时动作之法也。

《军政》曰：“言不相闻，故为鼓铎；视不相见，故为旌旗。”夫金鼓、旌旗，所以一人之耳目也。人既专一，则勇者不得独进，怯者不得独退，此用众之法也。故夜战多火鼓，昼战多旌旗，所以变人之耳目也。

右第四节言治众之法也。军争行止，当整齐画一，故以鼓铎旌旗金火，以练军人之耳目，使其进退行止、昼战夜战均整齐画一也。

故三军可夺气，将军可夺心。是故朝气锐，昼气惰，暮气归。故善用兵者，避其锐气，击其惰归，此治气者也。以治待乱，以静待哗，此治心者也。以近待远，以佚待劳，以饱待饥，此治力者也。

右第五节言军争之时，既已整齐画一，尤必治气、治心、治力，乃能万全也。此三者，近乎明人戚继光练心之法。“三军可夺气”者，心之怯也。“将军可夺心”者，心无主也。“朝气锐”者，心力强也。“惰”与“归”者，心之灰也。“乱”者心不固也，“哗”者心之扰也，“远”者其心怠也，“劳”者其心散也，“饥”者其心怒也。故为将者必以练心为第一要义，其致力之方，则曰治气、治心、治力而已。

无要正正之旗，勿击堂堂之阵，此治变者也。故用兵之法：高陵勿向，背丘勿逆，佯北勿从，锐卒勿攻，饵兵勿食，归师勿遏，围师必阙，穷寇勿追，此用兵之法也。

右第六节言军争者固以占先制之利为贵，然而兵者国之大事、死生存亡所关，不可以不慎防其变，故以此十者列举于此，以免陷入危机也。“无要正正之旗”者，恐其有备也。“勿击堂堂之阵”者，兵力厚也。“高陵勿向”者，敌若据山陵、依险阻，有负隅之势，则不可仰攻也。“背丘勿逆”者，敌若背丘陵为阵，当引致之平地，不可迎击也。“佯北勿从”者，敌方战气势未衰，便奔走而却阵者，必有奇兵伏兵，不可从也。“锐卒勿攻”者，敌方强盛，则当避之，避其锐气，当待其惰而击之也。“饵兵勿食”者，敌若以小利来饵我士卒，不可贪也。“归师勿遏”者，敌既退却，必预定收容阵地，以掩护其退却，不可遏而止之也。“围师必阙”者，敌人既被我围，则必阙其一面，示以生路，以减少两军死伤也。“穷寇勿追”者，敌既失败以解散为主，不可追之于危地，追之则反噬，胜负未可知也。此皆示为将者，以防敌情之变、趋吉避凶之方法，皆治变之道也。此篇所论皆两军争胜之原则，神而明之，存乎其人而已。

九变篇第八 论临机应变之方略

王皙曰："九者数之极。用兵之法，当极其变耳。"

此一篇论为将者当极其应变之能事。故亦以将受命于君发其端，言为将者既受君之种种方略，尤不可不极其变通，故略引古之战斗原则。关于地形者，曰圮地无舍、衢地交合、绝地无留、围地则谋、死地则战，此战斗原则之不可变者也。然而事变之来，有时途有所不由、军有所不击、城有所不攻、地有所不争，极而言之，虽君命亦有所不受。君命可变，则因时制宜，无所不可变也。所以古之知用兵者，必知九变之利、九变之术。全篇主旨在于通九变之利，否则虽知地形，不能得地之利矣；在于知九变之术，否则虽知五利，不能得人之用矣。可见知地形而不知变，不可也；知五利而不知变，亦不可也。知变而不知所以必变之之术，亦不可也。总以知九变之利、知九变之术为要，此将将之要道也。宜分三节读之。第一节自首至“得人之用”，言选将之法，在乎选知变之将也。第二节自“智者”至“不可攻”，论任将之法，在乎用善变之将也。第三节自“故将”至末，论杀将之法，将不知变则有覆军杀将之灾也。细读全文，知所引五种地形，乃藉此原则以发其端，此其不可变者也；而不由、不击、不攻、不争、不受，则示人以变化之方。末复以五危杀将，为不知变者警告之。孙子之用意深矣。解者多指“九变”为“九地之变”，与《九地篇》强相牵合，殊不可通也。

孙子曰：凡用兵之法，将受命于君，合军聚众。圮地无舍，衢地合交，绝地无留，围地则谋，死地则战。途有所不由，军有所不击，城有所不攻，地有所不争，君命有所不受。故将通于九变之地利者，知用兵矣。将不通于九变之利者，虽知地形，不能得地之利矣。治兵不知九变之术，虽知五利，不能得人之用矣。

右第一节论选将之法，总以知九变之利、知九变之术为标准，与九地无关也。地形，即五种之地形也。然不曰“五地之形”而曰“地形”者，因此五种亦不过约略举之以为例，非必限定仅此五种地形也。况乎此五种地形，在《九地篇》仅列其四，而所谓“绝地”者，又不在九地之列而散见于九地之后；可见此篇“九变”，与“九地”无关也。其主旨在乎选将当知地形，然有时亦当知所变通。途当由也，然有时可以不由；军当击也，然有时可以不击；城当攻也，然有时可以不攻；地当争也，然有时可以不争；君命当受也，然极而言之，君命亦有时可以不受：此即所谓变也。故曰知九变之利者，知用兵矣，即可以为将矣。然苟不通九变之利，则虽知圮地、衢地、绝地、围地、死地之原则，仍不能得地之利也；苟不知九变之术，则虽知由途之利、击军之利、攻城之利、争地之利、受君命之利，而不知不由、不击、不攻、不争、不受之利，则仍不能得人之用也。孙子原文其义甚明也。五种地形之解释，详于《九地篇》，此处可不必赘也。“途有所不由”者，道有险狭，惧其邀伏，不可由也。“军有所不击”者，见小利不能倾敌，则勿击之，恐重劳人也。“城有所不攻”者，拔之而不能守，委之而不为害，则不须攻也。“地有所不争”者，得之不便于战，失之无害于己，则不须争也。“君命有所不受”者，苟便于事，不拘于君命也。此一节言为将者不拘常法、临事适变、从宜而行之，则可以得地之利、得人之用矣。若强将五地、五利硬作为九变，则分明十变矣，何得为九变哉，不可通者一也；若将五利中“君命”一句提出，而以五地及四利强列为九，则更支离破碎，不成文法矣，不可通者二也。总而言之，读此段文字，当以活眼观之；所举之五地，不过略举以见例，不以此五者为限也，不必与《九地篇》强为分合，以谬解乎九变也。吾故曰：九变者，极其应变之能事而已。

是故智者之虑，必杂于利害。杂于利，而务可信也；杂于害，而患可解也。是故屈诸侯者以害，役诸侯者以业，趋诸侯者以利。故用兵之法，无恃其不来，恃吾有以待也；无恃其不攻，恃吾有所不可攻也。

右第二节，此即发明九变之利、九变之术也。“杂于利，而务可信”者，在利之时思害以自慎，则众务皆信，人不敢欺也；“杂于害，而患可解”者，在害之时思利而免害，则其患解也：此皆极知利害之变也。“屈诸侯以害”者，致之于受害之地，则自然屈服也；“役诸侯以业”者，以事劳之，使不得休也；“趋诸侯以利”者，动之以小利，使之必趋也：此皆极知诸侯之变也。“恃吾有以待之”者，善攻也；“恃吾有所不可攻”者，善守也，言思患而预防也：此皆极知攻守之变也。故曰此一节即发明九变之利、九变之术也。任将如此，则无往而不利矣。

故将有五危：必死可杀也，必生可虏也，忿速可侮也，廉洁可辱也，爱民可烦也。凡此五者，将之过也，用兵之灾也。覆军杀将，必以五危，不可不察也。

右第三节论为将者而不知变，则敌人则乘其隙而杀之也。盖为将者，知死斗而不知于死中求生，则敌将诱而杀之也；知贪生而见利不进，则敌将鼓噪而擒之也；知刚愎褊急而无谋，敌将侮之，使轻进而败之也；廉洁之人，可污辱而致之也；仁爱之人，攻其所爱，则彼必疲困也：凡此五者皆偏于一端而不知变。有将如此，未有不覆军杀将者也。孙子之意，盖谓为将者须识权变，不可执一道也。九变之用，不亦神哉！若必以五地、五形、四利、事五与《九地篇》强为分配，真可谓拘而寡要，劳而鲜功者矣。

行军篇第九 论行军之计划

曹公曰："择便利而行也。"

此一篇论行军之计划，当注重地形，注重侦探，注重前卫，并注重于威信教育也。分四节读之。第一节自首至"伏奸之所藏处"，论行军当相度山地、水地、泽地、陆地、胜地、险地之形势，而利用之，故曰注重地形也。第二节自"敌近而静"至"必谨察之"，论行军者当以各种侦探为原则，故曰重侦探也。第三节自"兵非贵益多"至"擒于人"，论行军时前卫之兵力及任务也。第四节总论行军者，临时当有威信，而平时当有教育也。

孙子曰：凡处军、相敌，绝山依谷，视生处高，战隆无登，此处山之军也。绝水必远水，客绝水而来，勿迎之于水内，令半济而击之，利；欲战者，无附于水而迎客；视生处高，无迎水流，此处水上之军也。绝斥泽，惟亟去无留。若交军于斥泽之中，必依水草而背众树，此处斥泽之军也。平陆处易，而右背高，前死后生，此处平陆之军也。凡此四军之利，黄帝之所以胜四帝也。凡军好高而恶下，贵阳而贱阴，养生而处实，军无百疾，是谓必胜。丘陵堤防，必处其阳，而右背之。此兵之利，地之助也。上雨，水沫至，欲涉者，待其定也。凡地有绝涧、天井、天牢、天罗、天陷、天隙，必亟去之，勿近也。吾远之，敌近之；吾迎之，敌背之。军旁有险阻蒋潢、井生葭苇、山林蘙荟，必谨覆索之，此伏奸之所藏处也。

右第一节论行军者，当利用地形也。地形略分六种。一曰山地。“绝山依谷”者，言马队过山，必依附溪谷；一则利水草，一则负险固也。“视生”者，向阳也。“处高”者，居高阜也。“战隆无登”者，敌处隆高之地，不可登迎与战也。二曰水地。“绝水必远水”者，凡行军遇水欲舍止者，必去水稍远；一则引敌使渡，一则进退无碍也。“水内”者，水汭也。迎于水汭，则敌不敢济，半济则行列未定、首尾不相接，故击之必胜也。“无附于水而迎客”者，附近于水而迎客，敌必不得渡而与我战也。“视生处高”者，水上亦当据高而向阳也。“无迎水流”者，恐溉我也。三曰泽地。“斥”者，咸卤之地也。军过斥泽之地，地气湿润、水草薄恶，不可久留也。“必依水草而背众树”者，便樵汲而资险阻也。四曰陆地。“平陆处易”者，言行军于平陆，必择其坦易平稳之处以处之，使我之车骑得以驰逐也。“右背高”者，右背丘陵，势则有凭也。“前死后生”者，前低后隆，战者所便也。“四帝”者，四方之诸侯也；黄帝七十战而定天下，此即是与四方诸侯战也。五曰胜地。凡行军者，喜高贵阳，养生处实。行军者，择此种之地而处之，无有不胜矣。六曰险地。凡徒涉之处，必预防水之暴涨，故必待其定也。“绝涧”者，前后险峻，水横其中者也。“天井”者，四面峻坂，涧壑所归者也。“天牢”者，三面环绝，易入难出者也。“天罗”者，草木蒙密，锋镝莫施者也。“天陷”者，卑下污泞，车骑不通者也。“天隙”者，两山相向，洞道狭恶者也，故宜亟去也。我既远之，敌必近之，我既向之，敌必背之，故我利而敌凶也。“险”者，一高一下之地也。“阻”者，多水之地也。“蔣潢”者，蔣之潢也。（近人陆懋德引《说文》：“蔣，瓜也。”《淮南子·天文训》，高诱注曰：“瓜生水上，相连大而薄也。”）“井生葭苇”者，“井”当作“并”，言险阻蔣潢之地，并生葭苇也。（孙本引《御览》）“蘙荟”者，草木之相蒙蔽也。凡此者皆险地，故必搜索之，恐其有伏兵、有奸细也。此一节备陈六种地形，皆与行军者有密切之关系也。

敌近而静者，恃其险也；远而挑战者，欲人之进也。其所居易者，利也。众树动者，来也；众草多障者，疑也；鸟起者，伏也；兽骇者，覆也；尘高而锐者，车来也；卑而广者，徒来也；

散而条达者，樵采也；少而往来者，营军也。辞卑而益备者，进也；辞诡而强进驱者，退也；轻车先出，居其侧者，陈也；无约而请和者，谋也；奔走而陈兵车者，期也；半进半退者，诱也。倚仗而立者，饥也；汲而先饮者，渴也；见利而不进者，劳也；鸟集者，虚也；夜呼者，恐也。军扰者，将不重也；旌旗动者，乱也；吏怒者，倦也；粟马肉食，军无悬缶；不返其舍者，穷寇也；谆谆翕翕，徐言入入者，失众也；数赏者，窘也；数罚者，困也；先暴而后畏其众者，不精之至也；来委谢者，欲休息也；兵怒而相迎，久而不合，又不相去，必谨察之。

右第二节论行军者当利用侦探也。侦探者，行军之耳目。侦探不确实、不详密，则兵必陷于危境，故此节列举侦探之方法也。近而不动者，倚险故不恐也。“远而挑战”者，欲诱我之进也。“其所居易者，利也”者，敌不居险阻而居平易，必有以便利于事也。以上三者，侦探敌人之营陈地，以便知其虚实也。“众树动”者，斩木除道而来也。“众草多障”者，结草为障，欲使我疑也。“鸟起”者，鸟起其上，下有伏兵也。“兽骇”者，凡敌欲袭我，必由他道险阻林木之中，故驱起伏兽骇逸也。“尘高而锐”者，车马行疾，仍须鱼贯，故尘高而锐也。“卑而广”者，徒步之人，行迟，可以并列，故尘卑而广也。“散而条达”者，樵采者各随所向，故尘埃散衍条达纵横也。“少而往来”者，欲立营垒以轻兵往来为斥候，故尘少也。以上八者，侦探敌人之行军微候，以便知其行止动作也。

“辞卑而益备”者，言敌人使来，言辞卑逊、复增垒坚壁、若惧我者，是欲骄我使懈怠，必来攻我也。“辞诡而强进驱”者，使者辞壮，军又前进，欲胁我而求退也。以上二者，侦探敌人来使之言辞，而知其虚实也。“轻车先出，居其侧”者，谓以战车先出于军之旁，可知其陈军欲战也。古用车战，若今之出军，先以骑兵搜索军之两旁也。“无约而请和”者，无故请和，必有奸谋以间我也。“奔走而陈兵车者，期也”者，必有远兵刻期接应，合势同来攻我也；若寻常之期，不必奔走而陈兵车也。“半进半退”者，诈为乱形以诱我也。以上四者，言遭遇战之侦探方法也。“倚仗而立”者，困馁之相也。“汲而先饮”者，汲者未及归营，而先饮水，是渴也。“见利而不进”者，敌见我与以小利，而不进者，可知其疲劳也。“鸟集”者，敌人若去，营幕必空，禽鸟无所畏，乃鸣集其上，故曰虚也。“夜呼”者，恐惧不安，故夜呼以自壮也。“军扰”者，军中多惊扰，可知其将不持重也。“旌旗动”者，部伍杂乱也。“吏怒”者，众悉倦弊，故吏不畏而忿怒也。“粟马肉食”者，以粮谷秣马、杀牛马飨士也。“军无悬缶”者，悉破之示不复饮食也。“不返舍”者，昼夜结部伍也，凡此者，皆穷寇也。以上九者，惟“见利不进者”及“旌旗动者”二项，仍遭遇战之侦探方法，其余七项均敌人宿营地之侦探方法也。“谆谆”，窃议貌；“翕翕”，不安貌。“入入”者，犹如如也，安徐之意；言士卒相聚私语，低缓而言，以非其上，是不得众心也。“屡赏”为窘者，军实窘则恐士卒心怠，故行小惠也。“数罚”为困者，人弊不堪，命数罚以立威也。“先暴而后畏其众”者，先刻暴御下，后畏众叛也，是训练不精之极也。“来委谢”者，战未相伏而下意气相委谢者，求休息也。“兵怒相迎”者，盛怒出陈也。“久而不合”者，久不交刃也。“又不相去”者，复不解去也。此盖有所待也，故必谨察之，恐有奇伏旁起也。以上六者，侦探敌人内政之方法也。此一节皆论侦探为行军之要素也。

兵非益多也，惟无武进，足以并力、料敌、取人而已。夫惟无虑而易敌者，必擒于人。

右第三节论行军时编制前卫之兵力及任务也。“兵非益多，惟无武进，足以并力、料敌、取人”者，言兵不贵多，惟不可刚武轻进，但使足以并其力、料其敌、取胜于人而已。此言前卫之兵力不能过多，而其任务亦不过如此而已，足矣。“无虑而易敌，必擒于人”者，言无深谋远虑，但恃一夫之勇、轻易不顾者，必为敌人所擒也。此言前卫兵力不多，若如此，则失其任务矣，故成擒也。

卒未亲附而罚之，则不服，不服则难用也；卒已亲附而罚不行，则不可用也。故令之以文，齐之以武，是谓必取。令素行以教其民，则民服；令不素行以教其民，则民不服。令素信著者，与众相得也。

右第四节论行军者，赏罚不可滥，恩威不可失，而教育不可不预也。“卒未亲附罚之，不服”者，恩信未洽，不可以刑罚齐之也。“卒已亲附而罚不行”者，恩德既洽，而刑罚不行，则骄不可用也。此二者，言赏罚不可滥也。“令之以文”者，文能附众也。“齐之以武”者，武能威敌也，故必取也。此言恩威不可失也。“令素行以教其民，则民服”者，威令旧立，教乃听从也。“令不素行，则民不服”者，民不素教，难卒为用也。“令素信著”者，言恩信素孚，则教育有方，自然与众相得也。此言教育不可不预也。总而言之，行军者临时须善用其威信，而平时不可不加意教育而已。

地形篇第十 论战斗开始之计划

曹公曰："欲战，审地形，以立胜也。"

此一篇论战斗开始时之计划，当注重地形；然能利用地形者，在乎将才，故次论将才；然将能利用地形，尤必深得军心，故次论军心。此三者皆战斗开始时所极当注意之点也。宜分四节读之。第一节自首至"地之道不可不察"，论战斗开始时，当顾虑种种地形，以定开进、展开、攻击、防御之方法也。第二节自"故兵"至"国之宝也"，论战斗时将才之关系也。第三节自"视卒"至"不可用"，论战斗时军心之关系也。第四节总论战斗时地形、将才、军心三者彼此之互相关系也，明乎此可以战矣。

孙子曰：地形有通者，有挂者，有支者，有隘者，有险者，有远者。我可以往，彼可以来，曰通。通形者，先居高阳，利粮道，以战则利。可以往，难以返，曰挂。挂形者，敌无备，出而胜之；敌若有备，出而不胜，难以返，不利。我出而不利，彼出而不利，曰支。支形者，敌虽利我，我无出也；引而去，令敌半出而击之，利。隘形者，我先居之，必盈之以待敌；若敌先居之，盈而勿从，不盈而从之。险形者，我先居之，必居高阳以待敌；若敌先居之，引而去之，勿从也。远形者，势均，难以挑战，战而不利。凡此六者，地之道也，将之至任，不可不察也。

右第一节列举种种地形，皆论开进、展开、攻击、防御时运动军队，当顾虑各种地形而运用之也。凡遇通行之地，则当先居高阳之处，以待敌人。良以高阳之地，既无冈坡、又无要害，我先居之便于瞭望、易于转运，以战则利也。凡遇挂形之地，则当攻其无备。良以挂者，险阻之地，与敌犬牙相错动有挂碍，若敌有备，则邀我归路，难以返也。凡遇支形之地，先出者败。良以支形者，两军隘路前，公共之平坦开阔地也。我与敌人各守高险，对垒而军，中有平地。我先出，则敌必因我之半出而击我；敌先出，则我亦必因敌之半出而击敌。故曰我出不利、彼出亦不利也，必当引而去之、伏卒待之；敌必出而蹑我后，我因其半出而急击之，则我利矣。凡遇隘形之地，必先占其隘口以待敌。良以左右高山、中有平谷，我先占其隘口，如水之盈满于器，则敌不得进也；若敌已先占盈塞隘口而陈，则不可从也。凡险形之地，必先占其高阳以待敌。良以山峻谷深，非人力之所能作为，必居高向阳、以佚待劳，则胜矣；若敌已先占之，则不可与争也。凡遇远形之地，止可坐以致敌，不宜挑人求战也。良以营垒相远、势力又均，故挑战则我劳而不利也。此六者皆开进、展开时所最宜顾虑，以定攻击、防御之方法也，故谓之地之道。为将者，不可以不察也。

故兵有走者，有弛者，有陷者，有崩者，有乱者，有北者。凡此六种，非天之灾，将之过也。夫势均，以一击十，曰走。卒强吏弱，曰弛。吏强卒弱，曰陷。大吏怒而不服，遇敌怼而自战，将不知其能，曰崩。将弱不严，教道不明，吏卒无常，陈兵纵横，曰乱。将不能料敌，以少合众，以弱击强，兵无选锋，曰北。凡此六者，败之道也，将之至任，不可不察也。夫地形者，兵之助也。料敌制胜，计险厄、远近，上将之道也。知此而用战者必胜，不知此而用战者必败。故战道必胜，主曰无战，必战可也；战道不胜，主曰必战，无战可也。故进不求名，退不避罪，唯人是保，而利合于主，国之宝也。

右第二节论战斗虽宜顾胜地形，而胜负之权，全系乎将才。所谓地形者，不过为兵之助而已，要在将得其人，乃能料敌制胜也。凡以一击十而胜者，必我军将之智谋、兵之勇怯、饥饱劳佚十倍于敌，乃能制胜；若势均，则必败而走矣。凡吏无统率之能力，则卒虽强而军政依然弛坏也。凡吏有刚勇之气，而士卒素乏训练，必陷于败亡也。凡大将无理而怒小将，使之心内怀不服，因缘怨怒、逢敌便战，而将又不知己之能否，自然成土崩之势也。凡将懦而不严，则士卒无常检，教育不切实，则营阵无节制，故曰乱也。凡将不能量敌情之强弱，而以少当众，不能选精锐为先锋，而以弱击强，无有不奔北者也。凡此六者，皆取败之道。故上将之道，惟在于料敌制胜，计险阻远近之地形而已矣。知地形而后战，必胜；不知地形而贸贸然战，必败之道也。战有必胜之道，虽君命不战，然可以战也；战苟无必胜之道，虽君命战，然不可战也：所谓君命有所不受也。不求名、不避罪，皆忠以为国也，唯民是保、而利合于主，所以不求名、不避罪也，岂非国之宝乎！此一节论战斗之时，全系乎将才，而地形不过为将之辅助已。

视卒如婴儿，故可与之赴深谿；视卒如爱子，故可与之俱死。厚而不能使，爱而不能令，乱而不能治，譬若骄子，不可用也。

右第三节论为将者虽知地形、虽有将才，尤宜固结军心，乃可用也。盖将之于兵，抚之如婴儿、待之如爱子，则可以得其死力，虽使之赴深谿可也。然恩不可专用，厚养之，尤必加之以劳，爱宠之，尤必施之以教，乱法者尤必治之以罪，否则如骄子不可用矣。此一节言为将者既知地形、既有将才，尤必固结军心也。

知吾卒之可以击，而不知敌之不可击，胜之半也；知敌之可击，而不知吾卒之不可以击，胜之半也；知敌之可击，知吾卒之可以击，而不知地形之不可以战，胜之半也。故知兵者，动而不迷，举而不穷。故曰：知彼知己，胜乃不殆；知地知天，胜乃可全。

右第四节总论战斗之时，地形、将才、军心三者彼此之互相关系。然地形与军心，尤在将之能知。故此一节“知”字凡十二见，孙子垂教后世之意，深且远矣。

九地篇第十一 论战斗得胜深入敌境之计划

王皙曰："用兵之地，利害有九也。"

此一篇论战斗胜利后，深入敌境之计划。仍以利用地形为主要也，故以"九地"名篇。《九变篇》略举五种地形，与此篇互有详略，而此篇九地之外，复有"绝地"。盖《九变篇》意在示为将者以应变之方，故略举五地以见例；此篇意在示为将者以乘胜深入之方，故列举九地，又申之以绝地，恐为将者因胜而不设备，则深入敌境，必有全军覆没之灾也。宜分八节读之。第一节自首至"有死地"，论九地之总目也。第二节自"诸侯自战"至"为死地"，论九地之性质也。第三节自"是故散地"至"死地则战"，论九地之作用也。第四节自"所谓古之善用兵者"至"攻其所不戒"，论战斗开始时，运筹决胜之经过也。第五节自"凡为客之道"至"将军之事"，论决胜后深入决死之经过也。第六节自“九地之变”至“过则从”，论深入决死之时，尤必设备也。第七节自“是故不知”至“巧能成事”，论战斗终结，万全之总计划也。第八节自“攻举之日”至末，总论战斗开始、战斗决死、战斗终结三时期之纲要也。而其重要关键皆系乎地形，故以“九地”名篇。

孙子曰：用兵之法，有散地，有轻地，有争地，有交地，有衢地，有重地，有圮地，有围地，有死地。

右第一节列举九地之名目也。

诸侯自战其地，为散地；入人之地而不深者，为轻地；我得则利，彼得亦利者，为争地；我可以往，彼可以来者，为交地；诸侯之地三属，先至而得天下之众者，为衢地；入人之地深，背城邑多者，为重地；行山林、险阻、沮泽，凡难行之道者，为圮地；所由入者狭，所从归者迂，彼寡可以击吾之众者，为围地；疾战则存，不疾战则亡者，为死地。

右第二节论九地之性质也。“自战其地为散地”者，士卒恋土道近易散也。“入人之地不深为轻地”者，初涉敌境，势轻士未有斗志也。“我得则利，彼得亦利，为争地”者，谓山水阨口有险固之利，两敌所争也。“我可以往，彼可以来，为交地”者，道相交错也，言道路交横，彼我可以往来也。“三属”者，我与敌相当，而旁有他国也。“先至三属之地，而得天下之众，为衢地”者，三属之地，我须先至其衢，据其形势，结其旁国也。“入人之地深，背城邑多，为重地”者，入人之境已深，过人之城已多，津梁皆为所恃，要冲皆为所据，还师返旆不可得也。“山林险阻沮泽，及一切难行之道，为圮地”者，不可为城垒沟隍之地，进退艰难，而无所依者也。“由入者隘，从归者迂，彼寡可以击吾众，为围地”者，山川围绕，入则险隘、归则迂回，进退无从，虽众无用也。“疾战则存，不疾战则亡，为死地”者，山川险阻，进退不能，粮绝于中、敌临于外，当此之际，励士激战而不可缓也。此皆解释九地之性质也。

是故散地则无以战，轻地则无止，争地则无攻，交地则无绝，衢地则合交，重地则掠，圮地则行，围地则谋，死地则战。

右第三节论九地之作用也，即战斗与地形所关之原则也。“散地则无以战”者，（“以”，与也。“无以战”者，无与战也。“以”“与”古通用也。）散地无关阏，卒易散走也。假如我不与战，而敌来攻，则亦不能坐以待毙，当集人聚谷、保城备险、轻兵绝其粮道，彼挑战不得、转输不至、野无所掠、三军困馁，因而诱之，可以有功；若欲野战，则必因势依险设伏，无险则隐于阴晦，出其不意，袭其懈怠：此散地无与战之妙用也。“轻地则无止”者，始入敌境，未背险阻、士心不专，无以战为务，勿近名城、勿由通路，以速进为利也。“争地则无攻”者，不当攻也，当先至以为利也。“交地则无绝”者，往来交通，不可以兵阻绝其路，当以奇伏胜也。“衢地则合交”者，诸侯三属，其道四通我与敌相当，而傍有他国，必先重币轻使、约和旁国、交亲结恩，彼失其党、诸国犄角，敌人莫当也。“重地则掠”者，因粮于敌也。凡居重地，士卒轻勇、转输不通，则掠以继食也。然近时学说恒以征发为行军要素，定以军用价目，招致商贾，则四民不扰、阻力潜消，而在敌地尤为紧要。若肆行抄掠，则商贾裹足，是自绝其粮道也。此古法之不可行者也。“圮地则行”者，难行之地，不可稽留也。“围地则谋”者，险阻之地，与敌相持，当用奇险诡谲之谋，方可以免难也。“死地则战”者，敌人大至、围我数重，欲突以出，四塞不通、惟有深沟高垒，安静勿动，告令三军，示不得已，绝去生念、砥甲砺刃，并气一力、死中求生，人人自战也。此一节备论九地与战斗之原则，示为将者遇此种战况，当顾虑地形，而不可误其原则也。

所谓古之善用兵者，能使敌人前后不相及，众寡不相恃，贵贱不相救，上下不相扶，卒离而不集，兵合而不齐。合于利而动，不合于利而止。敢问：“敌众整而将来，待之若何？”曰：“先夺其所爱，则听矣。”兵之情主速，乘人之不及，由不虞之道，攻其所不戒也。

右第四节论战斗开始时，运筹决胜之经过也。言为将者，能顾虑九地之种种危险，而筹运于中，能使敌人不相及、不相恃、不相救、不相扶、不集、不齐，则必能合于利而胜矣；即令敌众整而来攻，而我复占先制之利，夺其所爱，乘其不及、击其不虞、攻其不戒，亦可以决胜矣：此一节之大旨也。“不相及”者，设奇伏以冲掩之，前后不相顾也。“不相恃”者，敌情惊挠也。“离而不集，合而不齐”者，多设疑事，声东击西，使其上下惊扰，离而不能合，虽合亦不能齐也。“合于利而动，不合于利则止”者，言虽能使敌若此，然亦须有利则动、无利则止也。假如众敌整而来攻，则必先将所恃之利而夺之，或据其便地，或略其田野，或利其粮道，自然进退听命于我矣。总而言之，兵情主速；敌人有不及、不虞、不戒之便，则须速进，不可迟疑也。此一节言用兵要旨，宜先宜速。战斗开始时，运筹帷幄之中，苟能避去九地之种种危险，而能占先制之利，以神速为主，必能决胜于千里之外也。

凡为客之道：深入则专，主人不克；掠于饶野，三军足食；谨养而勿劳，并气积力；运兵计谋，为不可测。投之无所往，死且不北。死焉不得，士人尽力。兵士甚陷则不惧，无所往则固，深入则拘，不得已则斗。是故其兵不修而戒，不求而得，不约而亲，不令而信，禁祥去疑，至死无所之。吾士无余财，非恶货也；无余命，非恶寿也。令发之日，士卒坐者涕沾襟，偃卧者涕交颐，投之无所往者，诸、刿之勇也。故善用兵，譬如率然。率然者，常山之蛇也。击其首则尾至，击其尾则首至，击其中则首尾俱至。敢问："兵可使如率然乎？"曰："可。"夫吴人与越人相恶也，当其同舟而济，遇风，其相救也如左右手。是故方马埋轮，未足恃也；齐勇若一，政之道也；刚柔皆得，地之理也。故善用兵者，携手若使一人，不得已也。将军之事，静以幽，正以治。能愚士卒之耳目，使之无知；易其事，革其谋，使人无识；易其居，迂其途，使人不得虑。帅与之期，如登高而去其梯；帅与之深入诸侯之地，而发其机，焚舟破釜，若驱群羊，驱而往，驱而来，莫知所之。聚三军之众，投之于险，此谓将军之事也。

右第五节论决胜后深入决死之经过也。战斗既得胜利，自以深入决死为要素，故此节之首即标明"深入则专"四字。以下所论，皆深入决死时之决心、处置、理由，以及将军之心得也。宜分四段读之。

（甲）决心

"为客之道：深入则专，主人不克"者，使主人不能御也。

（乙）处置

"掠于饶野，三军足食"者，此给养之处置也。

“谨养而勿劳，并气积力；运兵计谋，为不可测”，所谓气盛力积，加以谋虑，不使敌测也，此攻势防御之处置也。

“投之无所往，死且不北”者，虽死不败也；“死焉不得，士人尽力”者，人在死地，不得不尽力也：此攻击之处置也。

（丙）理由

“兵士甚陷则不惧”者，三军同心，则不惧也；“无所往则固”者，无生路则固也；深入无所适，则如拘系也，不得已，则必须力斗也：此决死之理由也。

不待修整而自戒惧，不待收索而自得于心，不待约令而自亲信，禁妖祥之言，去疑惑之计，至死无有异志，此死中求生之理由也。吾士不顾财货，非恶财之多也，不苟全性命，非恶寿之多也；令发之日，士卒坐卧，未尝不涕泣涟洏，然而投之无所往，则人人肯有诸、刿之勇，如常山之蛇，首尾相应，如吴越同舟，左右相救，此人情乐生恶死之理由也。

总此以上各种理由，简练以为揣摩，皆将军之要务，故下文即论将军之心得。

（丁）将军之心得

“方马”者，缚马之足以为固也；“埋轮”者，埋车之轮，示以不动也。然而未足恃也。何也？不足以维系军心也。欲维系军心，必以军政统一为主。统一之效有三：一曰齐正勇敢，三军如一，此军政一律整饬也；二曰三军强弱，皆成一势，此地形兵器一律利用也；

三曰指挥三军，如牵一夫之手，此命令一律服从也。此三者军政统一之效也。所以为将军者，必静，静则不挠也，必幽，幽则不测也，必正，正则不偷也，必治，治则不乱也，此将军治己之学也；而其治人之学，则在愚士卒之耳目，使之但知服从命令，其他不使之知也。已行之事，有当易者，已施之谋，有当革者，但使军士服从其命令，不可使之识其理由也。更其所安之居，迂其所趋之途，亦但使军士服从其命令，不令使之知其情也。帅与之临阵之期，命令所示，往登高而去梯，可进不可退也。帅与之深入敌地，命令既发，如省括而发机，可往而不可返也。焚舟破釜，示以必死，命令惟行，若驱群羊往来，不能使之知攻取之端也。总而言之，无非聚三军之众，而投之于险，使由之而不使知之，此将军之心得也。此一节皆决胜以后，深入敌地决死之经过，分此四端读之则条理秩然矣。

九地之变，屈伸之利，人情之理，不可不察。凡为客之道，深则专，浅则散。去国越境而师者，绝地也；四达者，衢地也；入深者，重地也；入浅者，轻地也；背固前隘者，围地也；无所往者，死地也。是故散地，吾将一其志；轻地，吾将使之属；争地，吾将趋其后；交地，吾将谨其守；衢地，吾将固其结；重地，吾将继其食；圮地，吾将进其途；围地，吾将塞其阙；死地，吾将示之以不活。故兵之情，围则御，不得已则斗，过则从。

右第六节因上文专论深入则专，故此节论深入决死之时，尤必兼顾九地之变，而设其备，庶乎可以死中求生也。故就第三节九地之作用，而申言其种种变通利用之方，其大旨亦不外乎屈伸之利、人情之理而已。第五节言为客之道，于死中求生，仍在深明九地之变，故此又列举九地之变也。盖以九地有可屈可伸之常理，不可不察也。深入则专固，浅入则散归，此人情之常理。行军作战，不尽在散地也。但使去国越境而师，则入绝地矣。绝地不列入九地之内者，因九地之法皆有变，而绝地无变，故论之于九地之外，而九地之中，不列其数也。遇四达之衢，则衢地矣。深入乎敌境，则入重地矣。浅入乎敌境，则入轻地矣。遇背固前隘之地，则入围地矣。左右前后，穷无所之，则入死地矣。其不言争地、交地、圮地者，举此可以隅反也。然则入此种九地，苟不临机应变而设之备，则死中不能求生矣。故遇散地，则当齐一士卒之心志。遇轻地，则当使士卒相联属以备不虞。遇争地，则当疾趋敌人之后；因敌向我争利，其后必虚，趋其后，则彼必还救，而所争者为我所得矣。遇交地，则谨守，惧袭我也。遇衢地，则结交诸侯，使之牢固以助我也。遇重地，则当继其粮食，不可使绝也。遇圮地，则当疾过而去不可留也。遇围地，则当塞其阙，示以不欲走之意，因敌人围师必阙也。遇死地，则当示以不活者，示之必死，令其自奋以求生也。此皆因九地之变，示以死中求生之方，其大旨亦不外乎屈伸之利、人情之理而已。所以为将军者，必深知兵之情。然则兵之情如何？简而言之曰：兵在围地，则同心守御；不得已，则悉力而斗；陷之于过甚之地，则所谋无不从也。此一节为死中求生之道，特申言九地之作用，而示人以种种设备之方也。

是故不知诸侯之谋者，不能预交；不知山林、险阻、沮泽之形者，不能行军；不用乡导，不能得地利。四五者不知一，（按：诸家于“四五者”三字均无所发明，而曹公、张预均谓“四五”为九地之利，以四加五为九。然古人文字向无此体例，且近于儿戏，不可从也。考明人茅元仪《孙子兵诀评》作“此三者”，可见“四五者”为“此三者”之讹，盖传写时误“此”为“四”、误“三”为“五”，篆书形体相近；所谓“三者”，即上文预交、行军、地利三句。其说良是。《行军篇》“井生葭苇”，诸家皆以“井”为“并”字之讹，其说亦犹是也。）非霸王之兵也。夫霸王之兵，伐大国，则其众不得聚；威加于敌，则其交不得合。是故不争天下之交，不养天下之权，信己之私，威加于敌，故其城可拔，其国可隳。施无法之赏，悬无政之令，犯三军之众，若使一人。犯之以事，勿告以言；犯之以利，勿告以害。投之亡地然后存，陷之死地然后生。夫众陷于害，然后能为胜败。故为兵之势，在于顺详敌之意，并敌一向，千里杀将，是谓巧能成事者也。

右第七节论战斗终结之总计划，一言以蔽之曰：巧能成事而已。

《军争篇》已言不知诸侯之谋者不能预交；不知山林、险阻、沮泽之形者不能行军；不用乡导者不能得地利。而此复言之者，意谓欲以巧成事者，仍必以此三者为先务。预交者，即《谋攻篇》之要旨。行军者，即《行军篇》之要旨。得地利者，即《地形篇》之要旨也。此三者有一不知，则必败矣，故曰非霸王之兵也。“众不得聚”者，能知敌谋，能得地利，使之不相救、不相恃，则虽大国之众，不能聚矣。此即《谋攻篇》之所谓伐谋也。“威加于敌”，则旁国惧，而交不得合也，此即《谋攻篇》之所谓伐交也，此对于大国而言之也。“不争天下之交”者，绝天下之交也；“不养天下之权”者，夺天下之权也：亦伐谋伐交之谓也。伸已之威，拔其城、隳其国，即伐兵攻城之谓也，此对于列国而言也。“施无法之赏，悬无政之令”者，拔城隳国之时，赏罚威令，均宜不守常法常政，故曰无法无政也。此二者，警急时之军法军政也。“犯三军之众，若使一人”者，赏罚明则用多如用寡也，即上文“齐勇若一”“刚柔皆得”“携手若使一人”之谓也。“犯之以事，勿告以言”者，但用以战，不告以谋也。“犯之以利，勿告以害”者，但用之于利，不令知害也。此二者，即上文“使之无知”“使人无识”“使人不得虑”之谓也。“投之亡地然后存，陷之死地然后生。众陷于害，然后能为胜败”，此即上文“投之无所往”“死且不北”“死焉不得”“士人尽力”之谓也。“顺详敌之意”者，（“详”，佯也。）佯怯、佯弱、佯乱、佯北，以诱敌人，即《计篇》之诡道也。“并敌一向，千里杀将”者，言用兵者能完全以上之种种计划，则可以并兵向敌，虽千里能擒其将也，此所谓霸王之兵也。然此种计划，仍不外乎以上十余篇之原则。总而言之，惟巧用之乃能成事。故以此一节，为战斗终结之总计划也。

是故政举之日，夷关折符，无通其使，励于廊庙之上，以诛其事。敌人开阖，必亟入之。先其所爱，微与之期。践墨随敌，以决战事。是故始如处女，敌人开户；后如脱兔，敌不及拒。

右第八节总论战斗开始、战斗决死、战斗终结三时期之纲要也。当战斗开始之时，一则当夷关拆符、无通其使，若今交战国宣战后，则公使下旗回国之例也；二则当励于廊庙之上，以诛其事。诛者，治也，即《计篇》所谓妙算也。磨励妙胜之策，以责成其事也。当战斗决死之时，一则当乘敌人有闲隙之时而急入之，此即诡道之所谓“攻其无备，出其不意”也；二则当先夺敌人所爱利便之处，而微露师期、使间归告，然后我后人发、先人至，使误其期也，即《军争篇》之“以迂为直”之义也。当战斗终结之时，则当践履战斗之规矩绳墨，随敌之形，而与之决战，即上文“善用兵者如率然”之谓也。此一节即发明上文“巧能成事”之总纲，仍当于此三时之间深致意也。末复以处女、脱兔二者，极力形容“巧”字之义。“始如处女”者，即《形篇》“善守者，藏于九地之下”之义也。后如

“脱免者”，即“善攻者，动于九天之上”之义也。“敌人开户”者，无备也。“敌不及拒”者，攻其无备、出其不意也。此皆形容“巧能成事”之“巧”也。学者苟能于战斗开始、战斗决死、战斗终结之三时期，神明于九地之变而利用之，即霸王之兵也。

火攻篇第十二 论火攻之计划

王皙曰："助兵取胜，戒虚发也。"

此一篇论以火力补助兵力之不及，而深戒后世之滥用火攻也。盖以兵凶战危，而火攻则尤为危险，故此篇三致意焉，仁将之用心也。宜分四节读之。第一节自首至"火队"，言火攻之种类也。第二节自"行火必有因"至"风起之日"，言火攻之预备也。第三节自"凡火攻"至"不可以夺"，论火攻之原则，胜于水攻也。第四节自"战胜攻取"至末，论火攻不可滥用，此即首篇五校之仁也。能如此，庶乎可以安国全军矣。

孙子曰：凡火攻有五，一曰火人，二曰火积，三曰火辎，四曰火库，五曰火队。

右第一节言火攻之名称也。此五“火”字之义，均系动词，如韩文“火其书”之“火”也。“火人”者，焚其营栅，因烧兵士也。“火积”者，烧其积蓄也。“火辎”者，烧其辎重也。“火库”者，烧其兵库也。“火队”者，临战之时，以火炮、火车、火牛、火燕之类，烧其队伍也。此五种之名称也。

行火必有因，烟火必素具。发火有时，起火有日。时者，天之燥也；日者，宿在箕、壁、翼、轸也，凡此四宿者，风起之日也。

右第二节言火攻之预备也。“因”者，或因奸人，或因居近草莽也。“烟火必素具”者，贮火之器，燃火之物，常须预备也。“时”者，天时旱燥，则火易燃也。“日”者，风起之日，以月之躔度，行八箕壁轸翼之次，则必有风也，此天文之学，即五校之所谓“天”也。诸家有指为迷信者，谬也。此一节凡欲用火攻者，所当预筹也。

凡火攻，必因五火之变而应之。火发于内，则早应之于外。火发而其兵静者，待而勿攻。极其火力，可从而从之，不可从而止。火可发于外，无待于内，以时发之。火发上风，无攻下风。昼风久，夜风止。凡军必知有五火之变，以数守之。故以火佐攻者明，以水佐攻者强。水可以绝，不可以夺。

右第三节论火攻之原则，而其效果胜于水也。凡火攻者，必因五火之变，而以兵应之。然应之之法，亦有五种原则，不可不知也。一曰火发于内，则速以兵应之于外，若迟则无益也。二曰火发而敌不动，必有备也，不可遽以兵攻之，须待其变也。三曰极其火势待其变，则攻，不变则勿攻也。四曰火可以发于外之时，即应时机而发之，即上文之“日时“也。五曰发火须审量上风下风、昼风夜风。发于上风，即不可攻其下风，因敌在下风，烧之必退，若从而攻之，则我亦在下风矣，必为所害也，击其左右可也。昼风久则可用火攻，夜风则止、不可用火攻，恐敌有伏兵，而反为其所败也。此五者皆发火之原则也。然用兵者尤必当知五火之变，不可止知以火攻人，亦当防人之以火攻我，当知日时、昼夜、风向之数，而谨守之也。然亦间有用水攻者，火攻明白易胜，故曰以火佐攻者明也，水攻势力强大，故曰以水佐攻者强也。然以水火两相此较，则水不过可以绝敌道、分敌军，而不可以夺敌蓄积，不若火之可以绝之，又可以夺之，可见火攻优于水攻也。此一节皆火攻之原则，较水攻尤胜也。

夫战胜攻取，而不修其功者，凶，命曰“费留”。故曰：明主虑之，良将修之。非利不动，非得不用，非危不战。主不可以怒而兴师，将不可以愠而致战。合于利而动，不合于利而止。怒可以复喜，愠可以复悦，亡国不可以复存，死者不可以复生。故明君慎之，良将警之，此安国全军之道也。

右第四节言火攻者为害最烈，明君良将不得已而用之者也，假令穷兵黩武，恐有自焚之祸。“修”者，戢也，胜而不极之意。诸家皆训“修其功”为“行其赏”，与上下文皆不相属，且失孙子以仁治兵之要旨，不可从也。此节大旨，以为战既胜、攻既取，即当自戢其功，不然，则凶之道也。其名为耗费财用、淹留士众，国患将由此而起，是故明君必忧虑之，良将必安戢之，不肯为穷兵黩武之事。盖火攻为害甚烈，万不得已而后用之。一用之后，岂可复言兵乎！是以明君良将非有利而万无一害，则不动火攻，非有得而万无一失，则不用火攻，非危急存亡之秋，则不以火攻助战。主不可以怒而兴火攻之师，将不可以愠而致火攻之战。必合于利而始动火攻，不合于利则不用火攻，恐其反有害也。此二语曾见于《九地篇》，然彼乃论九地之利，此乃言火攻之利；说者以为重出，非也。总而言之，火攻之利害如此，其所以然者，因人心怨怒之气，有时而平，而亡国丧师，悔将无及。故曰明主因火攻而加慎，良将因火攻而致警，然后可谓安国全师之道也。孙子于《九地篇》，虽深入死地，而其机变活转，绝无危词，独于火攻则深以为戒，岂非恶其惨、畏其危，而言之慎欤！吾故曰此仁将之言也。

用间篇第十三 论妙算之作用

曹公曰："战者必用间谍，以知敌之情实也。"

此一篇发明《计篇》妙算之作用，为明君贤将之专责，非他人所能知也。盖《孙子》十三篇纲举目张，首尾连贯，其总纲均揭于《计篇》，而以次各篇则依次而发明之。《计篇》以妙算终，故十三篇以用间终也，以"仁"字为一篇之主脑，而其所最注意之点，曰亲也、厚也、密也，皆为用间者之根本问题，可谓仁将之言也。宜分五节读之。第一节自首至"知敌之情"，言用间之理由及其效果。言为将者必先知敌情，非以仁道待人，则决不能得人而用间也。第二节自"用间有五"至"反报也"，言间之种类及性质也。第三节自"三军之事"至"皆死"，言间之精义也。第四节自"凡军之所欲"至"不可不厚"，言用间之方法也。第五节自"殷之兴也"至末，极言古之成大功者，无非得力于间，特引史事以证之，此其所以为神纪也。

孙子曰：凡兴师十万，出兵千里，百姓之费，公家之奉，日费千金；内外骚动，怠于道路，不得操事者七十万家。相守数年，以争一日之胜，而爱爵禄百金，不知敌之情者，不仁之至也，非人之将也，非主之佐也，非胜之主也。故明君贤将，所以动而胜人，成功出于众者，先知也。先知者，不可取于鬼神，不可象于事，不可验于度，必取于人，知敌之情者也。

右第一节论用间之理由及其效果。因行军作战，必先知敌情，乃能制胜。然欲知敌情，必先得人以侦探其敌情，此间之所以为用兵之要。而为将者、为佐者、为主者，决不可爱惜爵禄百金以节省侦探之经费也。盖爵禄百金，与公家之奉日费千金、百姓之费七十万家，两相此较，其细已甚。而知敌情，则能成大功，不知敌情，则国破家亡。苟爱惜此爵禄百金，而甘于国破家亡，岂非不仁之甚哉！况乎值探之费用，不可以预算、不可以决算、不可以付审计、不可以索证据，假令为将者既欲用间谍，而又欲综核名实，疑其不实不尽，则为间者方救过之不暇，安得侦探敌人之真情哉？如此者无以名之，名之曰“不仁”而已矣。将而不仁，则非人之将也。佐而不仁，则非主之佐也。主而不仁，则非制胜之主也。惟明君贤将不吝小费、多养间谍、广其耳目，故能预知敌情，不动则已、动则胜人，功业卓然、超绝群众也，其效果可立而待也。故取于鬼神、卜筮、祷祝以求之者，不可谓先知也。以他事比类而求之者，不可谓先知也。以天象度数、地图比例推验而知之者，不可谓先知也。必取于人之心理，以我之心理度敌之心理，而后可以知之也。孙子当日深恶用兵者之涉于迷信，所以为此言以力辟奇门遁甲、孤虚旺相、风云占验之种种谬妄，而以取于人心为先知之秘诀也。为此道者，非仁何曰哉？

故用间有五：有因间，有内间，有反间，有死间，有生间。五间俱起，莫知其道，是谓神纪，人君之宝也。因间者，因其乡人而用之；内间者，因其官人而用之；反间者，因其敌间而用之；死间者，为诳事于外，令吾间知之，而传于敌间；生间者，反报也。

右第二节言间之种类及其性质也。“因间”者，因敌之乡国之人，知敌之表里虚实，故厚抚而用之也。“内间”者，因敌之官人有贤而失职者、有过而披刑者、亦有宠嬖而贪财者、有屈在下位者、有不得任使者、有欲因丧败以求展己之材能者、有翻云覆雨常持两端之心者，如此之官，皆可以潜通问遗、厚贶金帛而结之，因求其国中之情、察其谋我之事，复间其君臣使不和也。“反间”者，敌使间来视我，我若知之则因厚赂而诱之，或佯为不知而示以伪情，使为我间也。“死间”者，作诳诈之事于外、佯漏泄之，使吾间至敌中、为敌所得，必以诳事输敌，敌从而备之，而吾之所行不然，则间必死矣；或欲杀敌之贤能，乃令死士持虚伪以赴之，吾间至敌、为敌所得，彼以诳事为实，必俱杀之也。“生间”者，选择己之有贤才智能者，通于敌之亲贵，察其动静虚实，还以报我也。此一节列举其种类性质，示人以相机而用之也。大抵因间者，乡间也，合有政治侦探之性质；反间者，合有人才侦探之性质；生间者，含有外交侦探之性质，客卿之类是也；死间者，含有国贼侦探之性质，因国贼恒以祖国秘密漏泄于外，故特为诳事以使敌人杀之也。五间之中其四种皆所以对外，惟死间正所以对内也。

故三军之亲，莫亲于间，赏莫厚于间，事莫密于间。非圣智不能用间，非仁义不能使间，非微妙不能得间之实。微哉微哉，无所不用间也！间事未发而先闻者，间与所告者皆死。

右第三节言间之精义，以亲之、厚之、密之三者，为用间之根本。亲之者，受辞指纵，在于以腹心亲结之也。厚之者，厚赏之，赖其用，非高爵厚禄不能使间也。密者，几事不密则害成也。此三者，惟圣智之人乃能用之，圣则事无不通，智则烛照几先也。惟仁义之人乃能使之，仁者有恩以及人，义者得宜而制事。主将既能仁结而义使，则间者尽心而觇察、乐为我用也。惟微妙之人乃能得间之实，我用间以间敌，且恐敌亦因我之间而间我，故用心渊妙，乃能知其虚实也。盖用间之法，微之又微，假如间事未发，而军中有以间事相告语者，彼此皆斩之。杀间者，恶其泄也；杀告者，以灭口恐其不密也。此一节以亲之、厚之、密之为用间之精义也。

凡军之所欲击，城之所欲攻，人之所欲杀，必先知其守将、左右、谒者、门者、舍人之姓名，令吾间必索知之。必索敌人之间来间我者，因而利之，导而舍之，故反间可得而用也。因是而知之，故乡间、内间可得而使也；因是而知之，故死间为诳事，可使告敌；因是而知之，故生间可使如期。五间之事，主必知之，知之必在于反间，故反间不可不厚也。

右第四节言用间之方法也。五间之始，皆因缘于反间，故待反间不可不厚也。反间之用法，当从两方面观之。一方面当预知敌人内部人物之姓名，以通消息也；一方面当利诱敌人所派来之使者示之以诳事，使之归报其主而失其信用也。此二者系以敌人间敌人，故曰反间可得而使也。因此反间，故敌之乡人可使之为乡间，敌之官人可使之为内间，我之亡命可使之为死间以误敌，我之贤达可使之为生间以觇敌也。然利用五间之方法，为主者必深知之。而反间尤为五间之本，故尤必厚其禄、丰其财以优待之，使其为我用也。

昔殷之兴也，伊挚在夏；周之兴也，吕牙在殷。故惟明君贤将，能以上智为间者，必成大功。此兵之要，三军之所恃而动也。

右第五节总论间之可以兴国，举伊挚、吕牙以为例。盖伊挚者，夏之官人也，而成功于殷；吕牙者，殷之官人也，而成功于周：殆有似乎内间也。伊尹五就汤桀，吕牙博闻尝事纣，纣无道，遂去而游说于诸侯之间，亦有似乎生间也。然伊之仕夏之年，吕之事殷之日，岂不欲化桀纣为尧舜，拨乱世为太平？徒以纲纪废弛、道德沦替，而伊吕当日，位卑不敢言高、越职不能言事，不得不高蹈远引、长与世辞。初何曾有佐命新朝之思想哉？洎乎汤武革命，应天顺人，以伊吕周知先朝掌故、人民利弊、政治得失，始以安车蒲轮、玄纁加璧，起于耕钓之中，置之廊庙之上。然则谓伊吕为行义达道计，欲出斯民于水火而登衽席，则可也；若谓伊吕为汤武间谍，刺探桀纣之不法行为，以为汤武革命之准备，则亦不以人道待伊吕矣。大抵易姓改玉之际，贤豪长者，恒伏处于山林草泽之中，以静观世变之所极，择木而栖，相时而动。当时苟无汤武，则伊吕亦不过与老农老渔，长此终古而已。隐绵之士，又焉用文抱璞之人，夫岂求售也哉？幸有汤武，以悲天悯人之心，行除暴安良之政，放南巢而不闻有惭德、诛独夫而不得谓之弑君，宜乎云龙风虎蔚文彩于新朝，贩负屠沽炳勋业于来祀。假如以委贽之年，即存间谍之意，则君子谓之不忠，后人论其无耻，又安足贵也？郑友贤氏谓伊吕假道济权、无害于圣人之德，未免失之附会。赵虚舟氏谓孙子以反间待圣人，亦未免失之周内。总而言之，伊吕在殷周之际，备知天下古今治乱兴亡之道，而不得行其志，则干莫之光，彻乎霄汉，珠玉之气，媚乎山川，有自来矣。加以汤武求贤若渴、从善如流，鱼水君臣、金石契合，自然知无不言、言无不尽。夫岂间哉！夫岂间哉！孙子引用二公，意者殆欲重视间谍之人格，以为汤非伊无以知桀之失德、武非吕无以知纣之失德，一旦汤武成功，即举一切弊政而革除之，实赖伊吕先知之力。故虽当时不得谓之间，后世不能指为间，然自兵家学理而观之，亦可作上智之间观也，于孙子又何所诟病哉！

附录一

《孙子兵法》

计篇第一

孙子曰：兵者，国之大事，死生之地，存亡之道，不可不察也。

故经之以五校之计而索其情：一曰道，二曰天，三曰地，四曰将，五曰法。道者，令民与上同意也，故可与之死，可与之生，而民不畏危。天者，阴阳、寒暑、时制也。地者，远近、险易、广狭、死生也。将者，智、信、仁、勇、严也。法者，曲制、官道、主用也。凡此五者，将莫不闻，知之者胜，不知者不胜。故校之以计而索其情，曰：主孰有道？将孰有能？天地孰得？法令孰行？兵众孰强？士卒孰练？赏罚孰明？吾以此知胜负矣。将听吾计，用之必胜，留之；将不听吾计，用之必败，去之。

计利以听，乃为之势，以佐其外。势者，因利而制权也。兵者，诡道也。故能而示之不能，用而示之不用，近而示之远，远而示之近。利而诱之，乱而取之，实而备之，强而避之，怒而挠之，卑而骄之，佚而劳之，亲而离之。攻其无备，出其不意。此兵家之胜，不可先传也。

夫未战而庙算胜者，得算多也；未战而庙算不胜者，得算少也。多算胜，少算不胜，而况于无算乎！吾以此观之，胜负见矣。

作战篇第二

孙子曰：凡用兵之法，驰车千驷，革车千乘，带甲十万，千里馈粮，则内外之费、宾客之用、胶漆之材、车甲之奉，日费千金，然后十万之师举矣。其用战也胜。

久则钝兵挫锐，攻城则力屈，久暴师则国用不足。夫钝兵挫锐，屈力殚货，则诸侯乘其弊而起，虽有智者，不能善其后矣。故兵闻拙速，未睹巧之久也。夫兵久而国利者，未之有也。故不尽知用兵之害者，则不能尽知用兵之利也。善用兵者，役不再籍，粮不三载；取用于国，因粮于敌，故军食可足也。国之贫于师者远输，远输则百姓贫；近于师者贵卖，贵卖则百姓财竭，财竭则急于丘役。力屈财殚，中原内虚于家。百姓之费，十去其七；公家之费，破车罢马，甲胄矢弩，戟楯蔽橹，丘牛大车，十去其六。

故智将务食于敌。食敌一钟，当吾二十钟；萁秆一石，当吾二十石。故杀敌者，怒也；取敌之利者，货也。故车战，得车十乘以上，赏其先得者，而更其旌旗，车则杂乘之，卒善而养之，是谓胜敌而益强。

故兵贵胜，不贵久。故知兵之将，生民之司命，国家安危之主也。

谋攻篇第三

孙子曰：凡用兵之法，全国为上，破国次之；全军为上，破军次之；全旅为上，破旅次之；全卒为上，破卒次之；全伍为上；破伍次之。是故百战百胜，非善之善者也；不战而屈人之兵，善之善者也。

故上兵伐谋，其次伐交，其次伐兵，下政攻城。攻城之法，为不得已，修橹轒辒，具器械，三月而后成，距堙，又三月而后已。将不胜其忿而蚁附之，杀士三分之一，而城不拔者，此攻之灾。

故善用兵者，屈人之兵而非战也，拔人之城而非攻也，毁人之国而非久也。必以全争于天下，故兵不顿而利可全，此谋攻之法也。故用兵之法，十则围之，五则攻之，倍则分之，敌则能战之，少则能逃之，不若则能避之。故小敌之坚，大敌之擒也。

夫将者，国之辅也。辅周则国必强，辅隙则国必弱。故君之所以患于军者三：不知军之不可以进，而谓之进，不知军之不可以退，而谓之退，是谓縻军；不知三军之事，而同三军之政者，则军士惑矣；不知三军之权，而同三军之任，则军士疑矣。三军既惑且疑，则诸侯之难至矣，是谓乱军引胜。

故知胜有五：知可以战与不可以战者胜，识众寡之用者胜，上下同欲者胜，以虞待不虞者胜，将能而君不御者胜。此五者，知胜之道也。

故曰：知彼知己，百战不殆；不知彼而知己，一胜一败；不知彼不知己，每战必败。

形篇第四

孙子曰：昔之善战者，先为不可胜，以待敌之可胜。不可胜在己，可胜在敌。故善战者，能为不可胜，不能使敌必可胜。故曰：胜可知而不可为。

不可胜者，守也；可胜者，攻也。守则不足，攻则有余。善守者，藏于九地之下；善攻者，动于九天之上，故能自保而全胜也。

见胜不过众人之所知，非善之善者也；战胜而天下曰善，非善之善者也。故举秋毫不为多力，见日月不为明目，闻雷霆不为聪耳。古之所谓善战者胜，胜易胜者也。故善战者之胜也，无智名，无勇功，故其战胜不忒。不忒者，其所措必胜，胜已败者也。故善战者，立于不败之地，而不失敌之败也。是故胜兵先胜而后求战，败兵先战而后求胜。

善用兵者，修道而保法，故能为胜败之政。兵法：一曰度，二曰量，三曰数，四曰称，五曰胜。地生度，度生量，量生数，数生称，称生胜。故胜兵若以镒称铢，败兵若以铢称镒。胜者之战民也，若决积水于千仞之谿者，形也。

势篇第五

孙子曰：凡治众如治寡，分数是也；斗众如斗寡，形名是也；三军之众，可使必受敌而无败者，奇正是也；兵之所加，如以碫投卵者，虚实是也。凡战者，以正合，以奇胜。故善出奇者，无穷如天地，不竭若江河。终而复始，日月是也；死而复生，四时是也。声不过五，五声之变，不可胜听也；色不过五，五色之变，不可胜观也；味不过五，五味之变，不可胜尝也；战势不过奇正，奇正之变，不可胜穷也。奇正相生，如循环之无端，孰能穷之？

激水之疾，至于漂石者，势也；鸷鸟之疾，至于毁折者，节也。是故善战者，其势险，其节短。势如彍弩，节如发机。

纷纷纭纭，斗乱而不可乱也；浑浑沌沌，形圆而不可败也。乱生于治，怯生于勇，弱生于强。治乱，数也；勇怯，势也；强弱，形也。故善动敌者，形之，敌必从之；予之，敌必取之。以利动之，以卒待之。

故善战者，求之于势，不责于人，故能择人而任势。任势者，其战人也，如转木石。木石之性，安则静，危则动，方则止，圆则行。故善战人之势，如转圆石于千仞之山者，势也。

虚实篇第六

孙子曰：凡先处战地而待敌者佚，后处战地而趋战者劳。故善战者，致人而不致于人。

能使敌人自至者，利之也；能使敌人不得至者，害之也。故敌佚能劳之，饱能饥之，安能动之。出其所不趋，趋其所不意。行千里而不劳者，行于无人之地也。攻而必取者，攻其所不守也；守而必固者，守其所不攻也。故善攻者，敌不知其所守；善守者，敌不知其所攻。微乎微乎，至于无形；神乎神乎，至于无声，故能为敌之司命。进而不可御者，冲其虚也；退而不可追者，速而不可及也。故我欲战，敌虽高垒深沟，不得不与我战者，攻其所必救也；我不欲战，画地而守之，敌不得与我战者，乖其所之也。故形人而我无形，则我专而敌分。我专为一，敌分为十，是以十共其一也，则我众而敌寡。能以众击寡者，则吾之所与战者，约矣。吾所与战之地不可知，不可知，则敌所备者多；敌所备者多，则吾所与战者寡矣。故备前则后寡，备后则前寡；备左则右寡，备右则左寡；无所不备，则无所不寡。寡者，备人者也；众者，使人备己者也。故知战之地，知战之日，则可千里而会战。不知战地，不知战日，则左不能救右，右不能救左，前不能救后，后不能救前，而况远者数十里，近者数里乎？以吾度，越人之兵虽多，亦奚益于胜败哉？故曰：胜可为也。敌虽众，可使无斗。

故策之而知得失之计，作之而知动静之理，形之而知死生之地，角之而知有余不足之处。故形兵之极，至于无形。无形，则深间不能窥，智者不能谋。因形而措胜于众，众不能知。人皆知我所以胜之形，而莫知吾所以制胜之形。故其战胜不复，而应形于无穷。

夫兵形象水，水之行，避高而趋下；兵之形，避实而击虚。水因地而制流，兵因敌而制胜。故兵无常势，水无常形，能因敌变化而取胜者，谓之神。故五行无常胜，四时无常位，日有短长，月有死生。

军争篇第七

孙子曰：凡用兵之法，将受命于君，合军聚众，交和而舍，莫难于军争。军争之难者，以迂为直，以患为利。故迂其途，而诱之以利，后人发，先人至，此知迂直之计者也。故军争为利，军争为危。

举军而争利，则不及；委军而争利，则辎重捐。是故卷甲而趋，日夜不处，倍道兼行，百里而争利，则擒三将军。劲者先，疲者后，其法十一而至。五十里而争利，则蹶上将军，其法半至；三十里而争利，则三分之二至。是故军无辎重则亡，无粮食则亡，无委积则亡。故不知诸侯之谋者，不能豫交；不知山林、险阻、沮泽之形者，不能行军；不用乡导者，不能得地利。

故兵以诈立，以利动，以分合为变者也。故其疾如风，其徐如林，侵掠如火，不动如山，难知如阴，动如雷震。掠乡分众，廓地分利，悬权而动。先知迂直之计者胜，此军争之法也。

《军政》曰："言不相闻，故为鼓铎；视不相见，故为旌旗。"夫金鼓、旌旗，所以一人之耳目也。人既专一，则勇者不得独进，怯者不得独退，此用众之法也。故夜战多火鼓，昼战多旌旗，所以变人之耳目也。

故三军可夺气，将军可夺心。是故朝气锐，昼气惰，暮气归。故善用兵者，避其锐气，击其惰归，此治气者也。以治待乱，以静待哗，此治心者也。以近待远，以佚待劳，以饱待饥，此治力者也。

无要正正之旗，勿击堂堂之阵，此治变者也。故用兵之法：高陵勿向，背丘勿逆，佯北勿从，锐卒勿攻，饵兵勿食，归师勿遏，围师必阙，穷寇勿追，此用兵之法也。

九变篇第八

孙子曰：凡用兵之法，将受命于君，合军聚众。圮地无舍，衢地合交，绝地无留，围地则谋，死地则战。途有所不由，军有所不击，城有所不攻，地有所不争，君命有所不受。故将通于九变之地利者，知用兵矣。将不通于九变之利者，虽知地形，不能得地之利矣。治兵不知九变之术，虽知五利，不能得人之用矣。

是故智者之虑，必杂于利害。杂于利，而务可信也；杂于害，而患可解也。是故屈诸侯者以害，役诸侯者以业，趋诸侯者以利。故用兵之法，无恃其不来，恃吾有以待也；无恃其不攻，恃吾有所不可攻也。

故将有五危：必死可杀也，必生可虏也，忿速可侮也，廉洁可辱也，爱民可烦也。凡此五者，将之过也，用兵之灾也。覆军杀将，必以五危，不可不察也。

行军篇第九

孙子曰：凡处军、相敌，绝山依谷，视生处高，战隆无登，此处山之军也。绝水必远水，客绝水而来，勿迎之于水内，令半济而击之，利；欲战者，无附于水而迎客；视生处高，无迎水流，此处水上之军也。绝斥泽，惟亟去无留。若交军于斥泽之中，必依水草而背众树，此处斥泽之军也。平陆处易，而右背高，前死后生，此处平陆之军也。凡此四军之利，黄帝之所以胜四帝也。凡军好高而恶下，贵阳而贱阴，养生而处实，军无百疾，是谓必胜。丘陵堤防，必处其阳，而右背之。此兵之利，地之助也。上雨，水沫至，欲涉者，待其定也。凡地有绝涧、天井、天牢、天罗、天陷、天隙，必亟去之，勿近也。吾远之，敌近之；吾迎之，敌背之。军旁有险阻蒋潢、井生葭苇、山林蘙荟，必谨覆索之，此伏奸之所藏处也。

敌近而静者，恃其险也；远而挑战者，欲人之进也。其所居易者，利也。众树动者，来也；众草多障者，疑也；鸟起者，伏也；兽骇者，覆也；尘高而锐者，车来也；卑而广者，徒来也；散而条达者，樵采也；少而往来者，营军也。辞卑而益备者，进也；辞诡而强进驱者，退也；轻车先出，居其侧者，陈也；无约而请和者，谋也；奔走而陈兵车者，期也；半进半退者，诱也。倚仗而立者，饥也；汲而先饮者，渴也；见利而不进者，劳也；鸟集者，虚也；夜呼者，恐也。军扰者，将不重也；旌旗动者，乱也；吏怒者，倦也；粟马肉食，军无悬缶；不返其舍者，穷寇也；谆谆翕翕，徐言入入者，失众也；数赏者，窘也；数罚者，困也；先暴而后畏其众者，不精之至也；来委谢者，欲休息也；兵怒而相迎，久而不合，又不相去，必谨察之。

兵非益多也，惟无武进，足以并力、料敌、取人而已。夫惟无虑而易敌者，必擒于人。

卒未亲附而罚之，则不服，不服则难用也；卒已亲附而罚不行，则不可用也。故令之以文，齐之以武，是谓必取。令素行以教其民，则民服；令不素行以教其民，则民不服。令素信著者，与众相得也。

地形篇第十

孙子曰：地形有通者，有挂者，有支者，有隘者，有险者，有远者。我可以往，彼可以来，曰通。通形者，先居高阳，利粮道，以战则利。可以往，难以返，曰挂。挂形者，敌无备，出而胜之；敌若有备，出而不胜，难以返，不利。我出而不利，彼出而不利，曰支。支形者，敌虽利我，我无出也；引而去，令敌半出而击之，利。隘形者，我先居之，必盈之以待敌；若敌先居之，盈而勿从，不盈而从之。险形者，我先居之，必居高阳以待敌；若敌先居之，引而去之，勿从也。远形者，势均，难以挑战，战而不利。凡此六者，地之道也，将之至任，不可不察也。

故兵有走者，有弛者，有陷者，有崩者，有乱者，有北者。凡此六种，非天之灾，将之过也。夫势均，以一击十，曰走。卒强吏弱，曰弛。吏强卒弱，曰陷。大吏怒而不服，遇敌怼而自战，将不知其能，曰崩。将弱不严，教道不明，吏卒无常，陈兵纵横，曰乱。将不能料敌，以少合众，以弱击强，兵无选锋，曰北。凡此六者，败之道也，将之至任，不可不察也。夫地形者，兵之助也。料敌制胜，计险厄、远近，上将之道也。知此而用战者必胜，不知此而用战者必败。故战道必胜，主曰无战，必战可也；战道不胜，主曰必战，无战可也。故进不求名，退不避罪，唯人是保，而利合于主，国之宝也。

视卒如婴儿，故可与之赴深谿；视卒如爱子，故可与之俱死。厚而不能使，爱而不能令，乱而不能治，譬若骄子，不可用也。

知吾卒之可以击，而不知敌之不可击，胜之半也；知敌之可击，而不知吾卒之不可以击，胜之半也；知敌之可击，知吾卒之可以击，而不知地形之不可以战，胜之半也。故知兵者，动而不迷，举而不穷。故曰：知彼知己，胜乃不殆；知地知天，胜乃可全。

九地篇第十一

孙子曰：用兵之法，有散地，有轻地，有争地，有交地，有衢地，有重地，有圮地，有围地，有死地。

诸侯自战其地，为散地；入人之地而不深者，为轻地；我得则利，彼得亦利者，为争地；我可以往，彼可以来者，为交地；诸侯之地三属，先至而得天下之众者，为衢地；入人之地深，背城邑多者，为重地；行山林、险阻、沮泽，凡难行之道者，为圮地；所由入者狭，所从归者迂，彼寡可以击吾之众者，为围地；疾战则存，不疾战则亡者，为死地。

是故散地则无以战，轻地则无止，争地则无攻，交地则无绝，衢地则合交，重地则掠，圮地则行，围地则谋，死地则战。

所谓古之善用兵者，能使敌人前后不相及，众寡不相恃，贵贱不相救，上下不相扶，卒离而不集，兵合而不齐。合于利而动，不合于利而止。敢问："敌众整而将来，待之若何？"曰："先夺其所爱，则听矣。"兵之情主速，乘人之不及，由不虞之道，攻其所不戒也。

凡为客之道：深入则专，主人不克；掠于饶野，三军足食；谨养而勿劳，并气积力；运兵计谋，为不可测。投之无所往，死且不北。死焉不得，士人尽力。兵士甚陷则不惧，无所往则固，深入则拘，不得已则斗。是故其兵不修而戒，不求而得，不约而亲，不令而信，禁祥去疑，至死无所之。吾士无余财，非恶货也；无余命，非恶寿也。令发之日，士卒坐者涕沾襟，偃卧者涕交颐，投之无所往者，诸、刿之勇也。故善用兵，譬如率然。率然者，常山之蛇也。击其首则尾至，击其尾则首至，击其中则首尾俱至。敢问："兵可使如率然乎？"曰："可。"夫吴人与越人相恶也，当其同舟而济，遇风，其相救也如左右手。是故方马埋轮，未足恃也；齐勇若一，政之道也；刚柔皆得，地之理也。故善用兵者，携手若使一人，不得已也。将军之事，静以幽，正以治。能愚士卒之耳目，使之无知；易其事，革其谋，使人无识；易其居，迂其途，使人不得虑。帅与之期，如登高而去其梯；帅与之深入诸侯之地，而发其机，焚舟破釜，若驱群羊，驱而往，驱而来，莫知所之。聚三军之众，投之于险，此谓将军之事也。

九地之变，屈伸之利，人情之理，不可不察。凡为客之道，深则专，浅则散。去国越境而师者，绝地也；四达者，衢地也；入深者，重地也；入浅者，轻地也；背固前隘者，围地也；无所往者，死地也。是故散地，吾将一其志；轻地，吾将使之属；争地，吾将趋其后；交地，吾将谨其守；衢地，吾将固其结；重地，吾将继其食；圮地，吾将进其途；围地，吾将塞其阙；死地，吾将示之以不活。故兵之情，围则御，不得已则斗，过则从。

是故不知诸侯之谋者，不能预交；不知山林、险阻、沮泽之形者，不能行军；不用乡导，不能得地利。四五者不知一，非霸王之兵也。夫霸王之兵，伐大国，则其众不得聚；威加于敌，则其交不得合。是故不争天下之交，不养天下之权，信己之私，威加于敌，故其城可拔，其国可隳。施无法之赏，悬无政之令，犯三军之众，若使一人。犯之以事，勿告以言；犯之以利，勿告以害。投之亡地然后存，陷之死地然后生。夫众陷于害，然后能为胜败。故为兵之势，在于顺详敌之意，并敌一向，千里杀将，是谓巧能成事者也。

是故政举之日，夷关折符，无通其使，励于廊庙之上，以诛其事。敌人开阖，必亟入之。先其所爱，微与之期。践墨随敌，以决战事。是故始如处女，敌人开户；后如脱兔，敌不及拒。

火攻篇第十二

孙子曰：凡火攻有五，一曰火人，二曰火积，三曰火辎，四曰火库，五曰火队。

行火必有因，烟火必素具。发火有时，起火有日。时者，天之燥也；日者，宿在箕、壁、翼、轸也，凡此四宿者，风起之日也。

凡火攻，必因五火之变而应之。火发于内，则早应之于外。火发而其兵静者，待而勿攻。极其火力，可从而从之，不可从而止。火可发于外，无待于内，以时发之。火发上风，无攻下风。昼风久，夜风止。凡军必知有五火之变，以数守之。故以火佐攻者明，以水佐攻者强。水可以绝，不可以夺。

夫战胜攻取，而不修其功者，凶，命曰“费留”。故曰：明主虑之，良将修之。非利不动，非得不用，非危不战。主不可以怒而兴师，将不可以愠而致战。合于利而动，不合于利而止。怒可以复喜，愠可以复悦，亡国不可以复存，死者不可以复生。故明君慎之，良将警之，此安国全军之道也。

用间篇第十三

孙子曰：凡兴师十万，出兵千里，百姓之费，公家之奉，日费千金；内外骚动，怠于道路，不得操事者七十万家。相守数年，以争一日之胜，而爱爵禄百金，不知敌之情者，不仁之至也，非人之将也，非主之佐也，非胜之主也。故明君贤将，所以动而胜人，成功出于众者，先知也。先知者，不可取于鬼神，不可象于事，不可验于度，必取于人，知敌之情者也。

故用间有五：有因间，有内间，有反间，有死间，有生间。五间俱起，莫知其道，是谓神纪，人君之宝也。因间者，因其乡人而用之；内间者，因其官人而用之；反间者，因其敌间而用之；死间者，为诳事于外，令吾间知之，而传于敌间；生间者，反报也。

故三军之亲，莫亲于间，赏莫厚于间，事莫密于间。非圣智不能用间，非仁义不能使间，非微妙不能得间之实。微哉微哉，无所不用间也！间事未发而先闻者，间与所告者皆死。

凡军之所欲击，城之所欲攻，人之所欲杀，必先知其守将、左右、谒者、门者、舍人之姓名，令吾间必索知之。必索敌人之间来间我者，因而利之，导而舍之，故反间可得而用也。因是而知之，故乡间、内间可得而使也；因是而知之，故死间为诳事，可使告敌；因是而知之，故生间可使如期。五间之事，主必知之，知之必在于反间，故反间不可不厚也。

昔殷之兴也，伊挚在夏；周之兴也，吕牙在殷。故惟明君贤将，能以上智为间者，必成大功。此兵之要，三军之所恃而动也。

附录二

《孙子兵法》译文

计篇第一

孙子说：战争，是国家的大事。它关系到军民的生死、国家的存亡，是不可不认真考察研究的。

因而需要从五个方面分析考量，通过计算加以核实，弄清楚战争胜负的情形。这五个方面是道义、天时、地利、将领和法规。道义，是指使民众与国君同心同德，愿意与其同生共死而不会背叛。天时，是指白昼黑夜、天气冷暖和四季交替。地利，是指路程的遥远或邻近、地势的险阻或平坦、地域的宽广或狭窄和地形是否有利于攻守。将领，是指指挥者的智慧、信用、仁爱、勇敢和严明。法规，是指军队编制、官吏委派和财务管理等。这五个方面是将领不可不过问的，知道的就能胜利，不知道的就不能胜利。因而通过计算加以核实，弄清战争胜负的情形，就是要问：哪一方国君更有道义？哪一方将领更有才能？哪一方更能掌握天时地利？哪一方法规号令更能执行？哪一方军队更强大？哪一方士兵更精锐？哪一方赏罚更严明？我通过这七个方面便知道战争的胜负。听从我计谋的人，使用他必将获胜，就留用他；不听从我计谋的人，使用他必然失败，就撤掉他。

有利的计谋被采纳执行，便要设法造“势”，以用来辅助出兵作战。所谓“势”，就是依据情况是否有利而采取相应的策略。用兵打战是一种讲究计谋诡诈的活动。所以，己方能攻守却要假装不能攻守，己方想攻守却要装作不想攻守，己方想在近处作战却要装作想在远处、想在远处作战却要装作想在近处。敌方贪利就用小利诱惑它，敌方混乱就趁机袭取它，敌方军力充实就谨慎防备它，敌方军力强大就设法躲避它，敌方容易恼怒就骚扰挑逗它，敌方轻视我方就设法使之骄纵，敌方休整充分就设法使之劳累，敌方内部和睦就设法使之离心。要在敌人没有防备的时候发动攻击，要在敌人意料不到的情况下采取行动。这些都是兵家取胜的诀窍，是不可能事先传授的。

凡是没有开战就在庙算上胜出的，是因为谋划周密；没有开战就在庙算上落败的，是因为谋划不周密。事先谋划周密的可以取胜，事先谋划不周密的就不能取胜，更何况那些事先就没有进行谋划的呢！我凭借这个考量观察，胜负之分很容易就一清二楚了。

作战篇第二

孙子说：一般的用兵规模，都需要驰车一千辆、革车一千辆、披带铠甲的兵士十万，还要千里迢迢地运送草粮。如此一来，里里外外的费用开支，包括招待宾客、采办武器材料、供应车马装备，每天的花费都达千金之巨，然后十万大军才可以开拔前线。用兵想要取得胜利，这是必须要做的。

如果想要通过持久作战来取得胜利，那么就会消耗兵力、挫伤锐气，使其在攻城时力量不足。在国外用兵时间过长，则会导致国家财政拮据。如果兵力消耗、锐气挫伤，人力不足、财源耗尽，那么诸侯国就会利用我方的危机来举兵攻袭，到那时候，即使是足智多谋的人，也不能挽救危难、收拾残局了。所以，在用兵打仗方面，只听说过简单的快速决战的，从没见过持久作战而显得巧妙的。用兵持久却对国家有利的情况，是从来没有过的。因而，不完全知道用兵作战的害处的人，也就不能完全懂得如何用兵作战才是有利的。善于用兵打仗的人，不多次征兵入伍，也不过多地从国内运输粮食。从所攻伐的敌国取得军需和粮食，这样才能保证军需和粮食的充足供应。国家因为战争而陷入贫困的原因，主要是远距离运输军需和粮食，远距离的运输就会使得百姓贫困；靠近军队驻地的地方，就容易物价飞涨，物价飞涨会导致百姓财源枯竭，从而影响征兵作战。人力在原野上耗尽，家庭内部财货空虚。百姓的钱财货用，十分中便丢掉了七分。公家的花费，包括车马的损耗，还有铠甲、头盔、弓矢、矛戟和盾牌，还有丘牛和辎重车辆，十分之中就要丧失六分。

所以聪明的将领一定会从敌方获得军需和粮食的。吃敌人一钟粮食，就相当于为己方节约了二十钟；占用敌方一石的豆萁禾秆，就相当于为己方节约了二十石。因而，杀死敌人是要通过激发兵士对敌人的仇恨，掠取敌人是要通过用财货奖赏兵士。因而在车战中如果缴获了敌方十辆以上的战车，便要奖赏最先缴获战车的人，还要将战车更换旗帜，与己方的战车混杂在一起使用。对于被俘的敌方兵士，应该善加供养，以为己方所用，这就叫做战胜敌人而使自己也变得强大。

所以用兵打仗只注重取胜，而不会看重作战持久。因而懂得用兵的将领，是民众命运的掌控者，是国家安危的主宰者。

谋攻篇第三

孙子说：大凡用兵的战略方法，以保全敌国使之屈服为上策，而攻破敌国将其战胜就次一等了；以保全敌军使之屈服为上策，而攻破敌军将其战胜就次一等了；以保全敌旅使之屈服为上策，而攻破敌旅将其战胜就次一等了；以保全敌卒使之屈服为上策，而攻破敌卒将其战胜就次一等了；以保全敌伍使之屈服为上策，而攻破敌伍将其战胜就次一等了。因而百战百胜算不上高明，不通过战争而使敌人屈服才算是高明的。

因而用兵的上策是运用谋略取胜，其次是运用外交手段，再其次为野外作战，而攻城是最下等的了。攻城的作战行动，是在万不得已的时候才采取的。修造各种攻城战车，准备各种战争器具，需要三个月才能完成；堆积攻城所用的土山，又要三个月才能完成。将领怒不可遏而要求兵士像蚂蚁一样缘城而上，导致三分之一的兵士白白送命，如果还没能把城攻取下来，就是攻城所导致的灾难了。

因而善于用兵打仗的人，不是用战争来使敌方屈服，不是用强攻来夺取敌方的城池，不是用长期的战胜来毁灭敌方的国家。善于用兵打仗的人，一定会遵循“保全敌方而取胜”的原则来与天下各国竞争，所以既不消耗自己的兵力又能全部获得利益，这才是军事攻守的智谋良策。所以用兵作战的策略是，己方十倍于敌就围歼它，己方五倍于敌就进攻它，己方两倍于敌就分割它，敌我力量相当就要设法战胜它，己方略弱于敌就要组织退却，敌我力量悬殊就要避免与其接触。这样一来，遇到小的敌人，我们可以集中力量战胜它，遇到强大的敌人，我们也不至于被对方所擒。

将领是国家辅助者。将领辅助得周密，国家就会强盛，辅助得有缺陷，国家就会衰弱。国君可能给军队造成危害的情况有三种：不知道军队不可以进攻而强要其进攻，不知道军队不可以退却而命令其退却，这叫做牵制军队；不知道三军的事务而硬要参与三军的管理，这样将士们就会迷惑；不知道三军的职权而硬要参与三军职务的委任，这样就会让将士们起怀疑。三军的将士们既迷惑又怀疑，诸侯国举兵来袭的灾难也就来了，这就是扰乱己方军队而让敌人胜利了。

取得胜利的情况有五种：知道可以作战或不可以作战的可以取得胜利；懂得兵力配置的可以取得胜利；上下同心同德的可以取得胜利；己方有准备与没有准备的敌方作战，可以取得胜利；将领有才干国君便不加以干预的，可以取得胜利。这五种情况，是取得胜利的根本方法。

所以说，了解敌人也了解自己，无论多少次作战都不会失败；了解自己但不了解敌人，胜败的可能各占一半；既不了解敌人也不了解自己，每次作战都会失败。

形篇第四

孙子说：从前善于作战的人，总是先使自己不可战胜，然后再等待战胜敌人的时机。使自己不可战胜，其主动权在于自己；而想要战胜敌人，则需要敌人有可乘之机。因而善于作战的人能够使自己不被战胜，却不一定能战胜敌人。所以说：胜利是可以预知的，但最终能否战胜敌人却不是我能够决定的。

使自己不被战胜，是从防守方面来说的；战胜敌人，则是从进攻的方面来说的。防守是因为己方的实力不足，进攻则是因为实力有余。善于防守的人，就像藏在深不可知的地下一样，使敌人无形可窥；善于进攻的人，就像出现在高不可测的天空一样，使敌人无从防备：这样便可保存自己而取得完全的胜利。

预见胜利，却并不能超过众人的预知能力，算不上是高明的；经过力战而取得胜利，尽管天下人都称赞说好，其实也不算不上高明。因为能够举起秋天鸟兽身上细毛的人算不上力气大，能够看见太阳和月亮的人并不能称为眼力好，同样的，能够听到雷霆的声音，也并不表明这个人听力好。古代所说的善于作战的人，其实是战胜容易战胜的敌人。因而善于作战的人取得胜利，既不会显出智谋的名声，也不会得到勇武的功劳，以致稳操胜券而不出差错。之所以不出差错，是因为他们采取行动都建立在充分胜算的基础上，是战胜那些注定会失败的敌人。善于作战的人，总是使自己立于不败之地，同时又不错失战胜敌人的机会。所以能够取胜的军队总是先有胜利的把握然后才去求战，必将失败的军队总是先开始作战然后才希望侥幸获胜。

善于用兵打仗的人，能够修明政治而遵守法度，因而能够掌握战争的胜负。影响出兵作战的环节有五个：一是丈量，二是称量，三是人数，四是比较，五是胜利。拥有土地便需要对土地面积进行丈量；丈量土地面积之后便可算出粮食的产量；所称量的粮食产量决定可养的农户和可以征兵的人数；可养农户和可以征兵的人数决定敌我力量的对比；敌我力量的对比决定胜负。所以取胜的军队就好像是用镒来称量铢，落败的军队则好比是用铢来称量镒。在实力对比上占据优势的一方，使用民众作战，就像从千仞高的溪谷下放积水，这就是所谓的“形”。

势篇第五

孙子说：治理人数众多的军队像治理人数少的一样，需要依靠军队的组织编制；指挥人数众多的军队作战像指挥人数少的一样，需要依靠旌旗、金鼓等指挥工具；全国的军队有很多，使他们即使四面受敌也不会落败，需要依靠对行兵作战中“奇正”之法的运用；调动军队进攻敌人，就像以石击卵一样，则需要对虚实的理解和运用。大凡行兵作战，都是以正兵当敌，以奇兵取胜。所以善于运用奇兵出击的人，其战术变化如天地般无穷无尽、似江海般不竭不断。结束了又重新开始，这是日月的出没运行；死去了又重新复活，这是四季的轮替变换。音阶只有五种，但五种音阶交错变化，便让人听也听不过来；颜色只有五种，但五种颜色交错变化，便让人看也看不过来；味道只有五种，但五种味道交错变化，便让人尝也尝不过来；作战的态势不过奇正两种，但奇正交错变化，则是无穷无尽的。“奇”与“正”相互转化，就像圆圈找不到终端一样，谁又能穷尽它呢？

湍急的流水速度很快，竟能够使水中的石头漂起，这是因为水势强大；猛禽迅速搏击，竟然可以使小动物当场毙命，是因为掌握了节奏。所以善于作战的人，他所制造的态势是险峻的，他所掌握的节奏是短促的。制造这种态势就如同张满强弩，掌握这种节奏就如同扣动扳机。

在纷纷纭纭的混乱状态中作战，必须保证自己的军队不致混乱；在浑浑沌沌的情况下打仗，必须把队伍部署得四面八方都应付自如。混乱可能从整齐中产成，怯懦可以从勇敢之中产生，虚弱也可能从强大中产生。整齐和混乱，属于“分数”范畴；勇敢和怯懦，属于“势”的范畴；强大与虚弱，属于“形”的范畴。所以善于调动敌人的将领用假象迷惑敌人，敌人必然相信而跟从；故意给敌人一些好处，敌人必然接受。用小利去调动敌人，用重兵来等待敌人。

所以善于作战的人，只是从“势”中求取胜利，而不求之于人，因而能够选用适当的人才，利用有利的形势。善于利用有利形势的人，指挥军队作战，就如同转动滚木圆石一样。木头和石头的特点是放在平坦的地方它就会静止，放在斜侧的地方它就会滚动；它若是方形的就会静止，它若是圆形的就会滚动。所以善于指挥军队作战的将领所造成的有利态势，就如同从千仞高山上滚下滚木圆石，这就是军事上所说的“势”啊！

虚实篇第六

孙子说：凡是先到达作战地点等待敌人的就从容主动，后到达作战地点而仓促投入战斗的便疲劳被动。所以善于作战的人，调动敌人而不被敌人调动。

能够使敌人自动前来，是以利益诱惑的结果；能够阻止敌人前来，是以利害威胁的结果。所以敌人休整得好，我就能设法使它疲劳；敌人给养充分，我就能设法使它饥饿；敌人安处不动，我就能设法调动它。出兵要指向敌人无法救援的地方，行动于敌人预料不到的方向。行军千里而不疲劳，是因为所行之地都是没有敌人或敌人较少的地方。进攻一定能够胜利，是因为进攻的是敌人没有防守或者防守薄弱的地方；防守一定稳固，是因为防守的是敌人不进攻或进攻不力的地方。所以善于进攻的军队，敌人不知道应该防守哪里；善于防守的军队，敌人不知道应该进攻哪里。微妙啊，微妙得不显露形迹；神奇啊，神奇得似乎没有声息：所以才能主宰敌人的命运。进攻敌人使其不能防御，是因为进攻的是敌人防守薄弱的地方；我方退却而敌人不能追及，是因为我方速度太快而敌人跟不上。所以只要我想作战，敌人即使坚守深沟高垒，也不得不与我作战，因为我进攻了它必须救援的地方；只要我不想作战，即使是在平地上画个圆圈自守，敌人也不能与我作战，因为我已经改变了它进攻的方向。所以我能够驱策敌人而不被敌人驱策，这样我就可以集中兵力，而敌人则必然兵力分散。我方集中兵力为一股，而敌方分散兵力为十股，这就相当于我方以十倍于敌的兵力攻击敌人，这就使我方处于了以众击寡的有利地位。能够处于以众击寡的有利地位，那么与我方直接交战的敌人就显得少了。我想要与敌人交战的地方不能让敌人知道，敌人不知道作战地点就会在多处防备；敌人防备的地方越多，与我直接交战的兵力就越少。因而敌人在前方防备，后方的兵力就会薄弱；敌人在左翼防备，右翼的兵力就会薄弱；敌人在右翼防备，左翼的兵力就会薄弱；敌人所有的地方都防备，那么敌人所有的地方都会兵力薄弱。兵力薄弱，是因为防备敌人；兵力集中，是因为调动敌人防备自己。所以知道作战的地点和时间，即使是在千里之外也可以参与会战。如果不知道作战的地点和时间，就会遭遇左翼不能援救右翼、右翼不能援救左翼、前方不能援救后方、后方不能援救前方的境况，更何况远到几十里，近的也有好几里呢！依我看来，若不知道作战的地点和时间，即使兵力上超过对方很多，对取得胜利又有什么用呢？所以说，胜利是可以争取的，敌人兵力再多，我也可以让它不能以全部力量参与战斗。

所以通过运筹决策可以知道计谋的得失，通过刺探侦察可以知道敌人的动静虚实，通过陈兵部列可以知道地形的死生之势，通过实际较量可以知道彼此的实力众寡。所以行兵布阵的方法达到高妙的程度，就可以不露形迹。不露形迹，则即使敌人有潜伏很深的间谍也不能窥探我方实情，即使敌人有足智多谋的人也不能揣测我方的计划。我根据敌情变化灵活运用战法，这样取得胜利，即使摆在人们面前，人们也无法理解。人们只知道我取得胜利的一般战法，却不知道我是如何根据敌情变化灵活运用那些战法而取得胜利的。所以说每一次取得胜利，都不是重复老的一套战法，而是根据具体的情况而变化无穷的。

行兵作战就像水一样，水的流动总是从高处流向低处；行兵作战的总体原则，则是避开坚实的敌人而攻击虚懈的敌人。水根据地形而决定流向，行兵作战根据敌情而取得胜利。所以行兵作战是没有固定不变的方法的，就像水没有固定不变的形态一样。能够根据具体的敌情而取得胜利，可以成为“神”。所以五行没有固定的相克，四季没有固定的位置，白昼有短有长，月亮有盈有亏。

军争篇第七

孙子说：一般用兵的方法，将领从国君那里得到命令，征集民众编成军队，开赴前线而直到两军对垒，这其中最困难的事情莫过于与敌人争夺制胜条件了。而与敌人争夺制胜条件最难的，就是把迂回曲折的路变成近而畅通的，把对自己有祸患的条件变为有利条件。所以要设法使敌人的路途迂回曲折，用小利来诱惑它，这样我方才能在后于敌人出发的情况下，先于敌人到达作战地点，这才是懂得迂直的道理。所以军争可能是很有利的，也可能是很危险的。

携带全部辎重物资与敌人争利可能会赶不上，放弃全部辎重物资与敌人争利又会损失辎重物资。因而卷起铠甲而急行军，昼夜不停地以双倍的速度前进到百里之外与敌人争利，则其三军将领必然被俘。因为体力充沛的士兵赶在了前头，而疲劳的士兵却落在了后面，最终如期到达作战地点的也不过只有十分之一的兵力。一般行军应该是每日行进三十里，如果是急行军五十里来与敌人争利，就会折损上将军，因为这样只能有一半的兵力能够如期到达作战地点。如果每日行进三十里来与敌人争利，通常会有三分之二的兵力如期到达作战地点；这样军队便可以排兵布阵，利用军事优势，大概还可以取得胜利。所以军队没有辎重就会灭亡，没有粮食就会灭亡，没有储备就会灭亡。因而不知道诸侯的谋划，就不能预为结交；不了解山林、险阻、沼泽等地形，就不能出兵行军；不用本地人做向导，就不能掌握地形的有利条件。

行兵作战要靠奇诈权变，视条件有利而采取行动，分散或集结兵力都要根据具体情况而变化。所以行军迅速的时候就像狂风骤至，行军缓慢的时候就像齐整的树林，四出抄掠就像迅猛的火，驻守不动就像屹立的山，隐蔽时就像难以窥测的阴天，而突然发动时却又像雷霆炸响。抄掠乡里的资财分发给部众，兵分数路来开疆拓土，分守要地，权衡利害，相机而动。谁先掌握迂直变化的道理，谁就能获得胜利，这就是军争的原则。

《军政》上说：“用语言指挥作战会听不到，所以使用金鼓；用动作指挥作战会看不清，所以便使用旌旗。”金鼓和旌旗这一类的东西，都是用来指挥军队、统一作战行动的。作战行动能够统一，勇敢的将士就不会单独冒进，怯懦的将士也不会单独退却，这就是指挥人数众多的军队的方法。所以晚上作战就使用金鼓，白天作战就使用旌旗，这样只是为了适应将士的视听、方便指挥作战罢了。

所以行军作战可以设法挫伤敌方军队的锐气，可以动摇敌方将领的意志和决心。一般来说，军队初战的时候士气比较旺盛，经过一段时间就会逐渐怠惰，到了后期就会士气衰竭。所以善于作战的军队，一定会避开敌人士气高涨的时候，而在敌人士气怠惰衰竭的时候发动攻击，这就是掌握军队士气的方法。使己方队伍齐整而使敌人混乱，使己方军心镇静而使敌人惶恐，这是掌握军心的方法。让己方靠近战场而使敌人长途跋涉，让己方休整充分而使敌人疲劳应战，让己方给养充分而使敌人粮尽人饥，这是掌握军力的方法。

不向旗帜整齐的军队挑战，不向阵容庞大的军队进攻，这是掌握因敌而变的方法。所以用兵的方法是：当敌人据守高山我就不仰攻，敌人背靠丘陵我就不从正面攻击，敌人假装逃跑我就不会追击，敌人士卒精锐我就不会进攻，敌人以小利诱惑我绝不中它的计谋，敌人若正在撤退回国我就不去阻拦，敌人被我军围困我一定会留一个缺口给它，敌人陷入绝境我也不会逼迫它。这才是用兵作战的方法呀。

九变篇第八

孙子说：一般用兵的方法，主将接受国君的命令，征集民众编成军队，在“圮地”不可驻扎，在“衢地”便要四面结交，在“绝地”不可长期停留，在“围地”要巧出奇谋，不幸陷于“死地”就要殊死奋战。有些道路是不必须走的，有些敌军可以不去袭击，有些城池是可以不去攻破的，有些地方也可以不去占领，甚至于有些国君的命令也是可以不听的。所以通晓九变的好处，才算得上懂得用兵。将领如果不通晓九变的方法，即使是了解地形，也不可能占得地形之利。治军如果不知道九变的方法，即使是知道“五利”，也不能充分发挥军队的作用。

所以聪明的将领考虑问题，总是能够兼顾利害两个方面。在有利的形势下考虑到不利的方面，事情就可以更加顺利地进行；在不利的形势下考虑到有利的方面，所面临的祸患就可以解除。阻止诸侯行动的办法是让它认识到可能给它带来的害处，役使诸侯必须采取某行动的办法是让它不得不那样做，调动诸侯行动的办法是给它小利诱惑。所以用兵的方法，不能指望对方不来，而要依靠自己有充分的实力和准备来对付敌人；不能指望敌人不来进攻，而应该依靠自己的充分准备和不可攻破的实力。

将领有五个致命的弱点：只知道拼命就会被杀死，一味贪生怕死就会被俘虏，愤怒急切就容易被挑逗，爱惜名节就可能导致敌人对他的侮辱，只知爱民就可能被敌人烦扰而陷于被动。这五种弱点是将领容易犯的错误，也是导致用兵灾难的重要原因。遭致军队覆没、将领被杀，都是由这五种致命弱点造成的，因而是为将者不可不认真考察研究的。

行军篇第九

孙子说：行军作战和观察敌情应该注意的是，在穿越山地的时候，应该依傍谷地；驻扎的时候，要选择居高向阳的“生地”；若与之交战的敌人处于高地，则不可对其仰攻。这是在山地行军作战的原则。穿越水域行军，一定要驻扎在离水较远的地方；敌人若渡水而来，不可开赴江河之中迎战，而应该在敌人渡至一半的时候对其发动攻击，这样比较有利；如果要与敌军交战，切不可在水边迎击敌人；在江河地带驻扎也应该选择居高向阳的地方，切不可驻扎在敌军的下游。这是在江河一带行军作战的原则。通过盐碱沼泽地带，一定不要长期停留；如果在盐碱沼泽地带与敌军交战，必须使自己可以依傍水草、背靠树林。这是在盐碱沼泽地带行军作战的原则。如果在平原上行军，宿营地应该选择平坦的地带，最好使右边和背面是高地，这样前面就是死地、后面就是生地，这是在平原行军作战的原则。能够掌握这四种行军作战的原则，是黄帝之所以战胜其他四帝的原因。大凡驻扎军队，总是喜欢选择高处而不喜欢低处，总是喜欢阳面而不喜欢阴面，驻扎在便于生活和地势较高的地方，可以防止将士发生各种疾病，这是取得作战胜利的重要条件。在丘陵和堤坝上驻军，一定要选择向阳的一面，而且要背靠着它。以上所说的是，如何运用地形而获得行军作战的便利。如果河流的上游下了暴雨，河中尚有水沫漂来，此时是不可以渡河的，必须要等到水势平稳以后才可以。凡是遇到“绝涧”“天井”“天牢”“天罗”“天陷”和“天隙”这样的地形，一定要迅速离开，不要靠近。我方要远离它，而让敌人接近它；我方要面对它，而让敌人背靠着它。军营附近如果有山川险阻、芦苇丛生的低洼地或草木繁茂的山林地带，一定要仔细搜索，因为这些地方往往是奸细的藏伏之处。

敌人距我很近却毫无动静，是因为它占据了险要的有利地形；敌人距我很远却来挑战，是为了激怒我前进。敌人驻扎地势低平的地方，一定有它的用意。树丛枝叶摇动，表示敌人正在到来；草丛之中有很多遮蔽物，那是敌人故意设置用来迷惑我军的；草丛中的鸟受惊飞起，表示那里一定有埋伏；走兽受惊猛跑，则表示敌人正在大规模袭来；路上的尘土高而尖，是有战车来；路上的尘土低而宽，那么来的则是步兵；路上的尘土散乱成条状，则是打柴的经过；路上的尘土少而有往来的痕迹，则是敌人要安营的表示。敌人口气谦卑却在加紧备战，是要进攻我来了；敌人口气强硬同时佯装进攻，则表示敌人将要退却了。敌人先出轻车停在它的侧翼，是要陈兵布阵了；无缘无故敌人就来请求议和，其实是敌人另有图谋。敌人急速奔走并陈兵布阵，是想要与我交战；敌人半退半近，可能是佯装混乱来引诱我。敌方将士依仗而立，表示敌方缺粮、将士饥饿了；敌方汲水的人未到营地而自己先喝水，则是敌人口渴的反应。敌人明明见到好处却不肯前进，是因为敌人疲劳了；有鸟雀落在敌方营地，表示敌方的营房是虚设的；敌人夜晚有呼叫的，则是敌人害怕的反应。敌人军中发生扰乱，则敌方将领必然是没有威信的；敌人的旌旗摇动，是敌人内部快要出现混乱了；军吏发怒，其实是因为士兵们疲倦了；杀马吃肉，是因为敌人军中没有粮食了；如果敌人不返回营地的，则说明敌人已经陷入绝境了。敌方士兵聚在一起私下里低声议论，表示敌方将领已经失去了部众的拥护；敌方将领频繁地赏赐部下，其实是一筹莫展；敌方将领频繁地惩罚部下，其实是陷入了绝境。敌方将领先是对自己的部下态度粗暴然后又畏惧其部下，说明这个将领很不精明。敌人借故前来谢罪求和，其目的是想休兵息战。敌人如果盛怒而来，但不与我军接战，又不撤离，那我就要仔细观察研究敌人的企图了。

用兵作战并非人数越多越好，只求不轻举妄动，能够集中优势兵力，正确判明敌情，取胜敌人就可以了。那些不知深谋远虑、轻敌妄动的人，一定会被敌人所俘虏。

将领尚未得到兵士的真心拥护就责罚士兵，就会引起士兵的不服，兵士内心不服将令就无法使之作战了。兵士们真心拥护自己的将领，而将领却对扰乱军纪的兵士不加责罚，那么这些兵士也是无法用于作战的。所以将领懂得恩赏，就能够命令士兵，懂得责罚，就能够使兵士们齐整，这是用兵作战取胜的重要方法。命令一贯能够顺利执行来教育民众，民众就会服从；命令一贯不能顺利执行来教育民众，民众就会不服从。命令一贯能够顺利执行，是将领和兵士们彼此都比较熟悉和信任的缘故。

地形篇第十

孙子说：地形可以分作“通形”“挂形”“支形”“隘形”“险形”和“远形”六种。我可以去、敌人也可以来的地形，就是“通形”。在“通形”地带，应该抢先占据高地和向阳的地方，并且保持粮道的畅通，这样就会有利于作战。我可以去，但是难以返回，这样的地方便是“挂形”。在“挂形”地带作战，如果敌人没有防备，就可以出击战胜它；如果敌人已有防备，我方出击不能取胜就难以回返了，这对我方很不利。既不利于我方出击，也不利于敌人出击，这样的地方就是“支形”。在“支形”地带作战，即使敌人引诱我，我也不要出击；最好是我方调兵撤离，诱使敌人出动到一半时对其发功攻击，这样比较有利。在“隘形”地区作战，应该抢先占据该地，并以重兵把守隘口以等待来敌；如果敌人抢先占据了那里，并且用重兵把守隘口，我方就不要出击，如果敌人没有用兵把守隘口，我方是可以出击的。在“险形”地带作战，我方应该抢先占据高地和向阳的地方，以等待来敌；如果敌人抢先占据了那里，我就领兵撤离，绝不对其发动攻击。在“远形”地带，双方势均力敌，难以挑战，此时不利于作战。上述六点是利用地形的原则，将领对其负有重大责任，是不可不认真考察研究的。

导致作战失败的情况有六种，分别是“走”“弛”“陷”“崩”“乱”和“北”，这六种情况的出现并非因为天灾，而是因为将领的过失。双方形势均等的时候，攻击十倍于己的敌人，叫做“走”。兵士强悍，但是军吏懦弱，便叫做“弛”。军吏强悍，但是兵士怯懦，便叫做“陷”。部将愤怒而不听从指挥，遇到敌人擅自出战，主将又不了解其能力，这便是“崩”。将领软弱而缺乏威严，训练教导不够严明，部众无所遵从以至于陈兵布阵杂乱无章，这就叫做“乱”。将领不能判断敌情，致使以劣势攻击优势、以虚弱攻击强盛，同时军队又缺乏精锐的前锋，这便是“北”。上述六种情况必然导致作战失败，将领对其负有重大责任，是不可不认真考察研究的。地形是用兵作战的必要辅助条件。判断敌情、制定取胜计划、研究地形的险易和路途的远近，是军队的将领必须做的。将领懂得这些并用来指导用兵作战，就一定会胜利；将领不懂得这些，他用兵作战就一定会失败。所以如果战场形势必然胜利，即使国君不要作战，也可以坚决地去打；如果战场形势不能胜利，即使国君命令去打仗，也要选择不作战。进攻不是为了求得战胜的功名，退却也不是为了回避违抗君命的罪责，只想使民众和士卒能够得以保全，有利于国君的根本利益，这样的将领才是国家最可宝贵的人才啊。

将领将士卒像婴儿一样照顾，士卒就可以为其赴汤蹈火；将领将士卒像儿子一样爱护，士卒就可以与其同生共死。将领厚待士卒却不能指挥，溺爱士卒却不能命令，对于扰乱军纪的士卒也不加以惩罚，士卒就像骄子一样，这样的军队是不能用于作战的。

知道我军能够出击，而不知道不可以出击敌军，便只有一半的胜算；知道可以出击敌军，而不知道我军不能出击，也只有一半的胜算；知道可以出击敌军，也知道我军可以出击，但却不知道地形条件不允许作战，还是只有一半的胜算。所以真正的懂得用兵的人，行动起来目标明确绝不迷失方向，采取举措变化多端，令人难以穷尽。所以说，了解敌人也了解自己，取胜才有把握；知道天时也知道地利，作战才能万无一失。

九地篇第十一

孙子说：根据用兵原则，占地可以分作散地、轻地、争地、交地、衢地、重地、圮地、围地和死地九种。

诸侯在本国境内与敌作战，是处于散地。进入敌国境内但还不深入，是处于轻地。我占据了便对我有利，敌人占据了便对敌人有利，这是争地。我可以去，敌人也可以来，这是交地。诸侯与多国接壤，抢先占据便可以结交诸侯而得到多方支持，这是衢地。深入敌国境内，越过了敌国许多城邑，是处于重地。经过山林、险阻、沼泽等难以行军的地方，是处于圮地。进入的道路狭隘，退出的道路迂回，敌人以少数兵力就能击败我多数兵力，是处于围地。速战速决就能生存，不速战速决就会灭亡，是处于死地。

所以在散地不可以作战，在轻地不要驻扎停留，在争地要抢先占领，如果不能就不要主动进攻，在交地不可使军队各部脱节，在衢地要广结诸侯，在重地要四出抄掠，在圮地要迅速通过，在围地则要想办法突围，在死地则必须英勇奋战。

古代善于用兵的人，能够使敌人前后不相衔接，大部队和小部队不能相呼应，尊贵的人与卑贱的人不能相互援救，上级和下级不相统属，士卒游离不能集合，即使集合了队伍也不整齐。对我有利我就采取行动，对我无利我就停止行动。试问："敌军众多并且阵势严整地向我袭来，我应该怎样应对？"回答是："先夺取敌人的要害之处，这样就能使其就范。"用兵的诀窍在于行动迅速，乘敌人考虑不及的时机，由敌人意料不到的途径，攻击敌人没有戒备的地方。

进入敌国作战的一般方法是：深入敌国境内就要军心专一，这样才能不被敌人战胜；抄掠敌国富饶的地方，以满足我方的粮食供给；注意部众的休整，不要使他们疲劳，鼓舞士气，积聚力量；调动兵力和制定计谋，都要让敌人不可揣测。把军队置于无路可走的绝境，士兵们就会宁肯战死也不逃跑。连战死都不害怕了，将士们就会尽心竭力。士兵深陷危地就会无所畏惧，没有退路就会军心稳固，深入敌境就会团结专一，迫不得已就会殊死搏斗。这样的军队不用整治它也会加强戒备，不用要求它也会去执行命令，不用约束它也会亲附团结，不用申令它也会遵从军纪，禁绝迷信活动，消除谣言，即使战死也不会退却逃跑。我方将士舍弃多余的财货，并不是讨厌财货；敢于舍弃性命决一死战，也并不是不想活着。作战命令发布的时候，坐着的士兵涕泪沾襟，躺着的士兵泪流满面，把他们置于了无路可走的境地，他们就会像专诸、曹刿一样勇敢。所以善于用兵的人，就好像率然一样。率然是常山的一种蛇。你打它的头，它的尾巴就会来救应；你打它的尾巴，它的头就会来救应；你打它的中间，它的头和尾巴都会来救应。试问："军队可以像率然一样吗？"回答是："可以。"吴国人和越国人是相互仇恨的，可是当他们同乘一条船遇到了大风，也会像人的左右手一样相互救助。所以依靠并联战马、掩埋车轮来使军队团结，是靠不住的；使得全军齐心奋勇，靠的是组织和指挥得法；兼顾刚强与柔弱，使其相得益彰，在于恰当的利用地形规律。所以善于用兵的人，指挥士兵行军作战就像使用一个人一样容易，那是因为士兵处在了不得已的境地。统率军队这种事情，要镇静沉稳，幽深莫测，端庄持重而有条不紊。能蒙蔽士兵的耳目，使他们毫无所知；经常变化任务，改动计划，让士兵们也搞不清楚；经常变换军队的驻地，行军要迂回绕道，使士兵无法推知行动意图。将帅与他们约期会战，好比登高之后抽去梯子；率领他们深入他国境内，就像发弩机射出的箭，破釜沉舟，像驱赶羊群一样从这里驱赶到那里，又从那里驱赶到这里，使他们不知道到底要去哪里。集合三军的将士，把他们置于危险的境地，这正是将军带兵的诀窍。

根据不同的地形采取不同的行动方针，依据形势伸缩进退，掌握部众在不同情况下的心理状态，这是将领不可不认真考察研究的。

一般进入敌国境内作战，进入得深便军心专一，进入得浅便军心涣散。离开自己的国家，越过边境进入他国境内作战，叫做绝地；四通八达的地区，叫做衢地；进入敌国境内较深，称为重地；进入敌国境内较浅，称为轻地；背靠险固的地形，前面是隘口，这就是围地；无路可走，便是死地了。所以在散地我将使军心专一，在轻地我将使部队行军动作连续，在争地我将迅速迂回到敌后，在交地我将谨慎地加强防守，在衢地我将加强与诸侯的同盟关系，在重地我会注意保障粮食的供给，在圮地我将进军占据要道，在围地我将堵塞敌军故意留给我军的生路，在死地我将向敌人显示必死的决心以投入战斗。所以带兵打仗的情况是，被敌人包围就会协力抵御，迫不得已就会拼死战斗，陷入困境就会听从指挥。

所以不了解诸侯的谋划打算，不能与其预结外交；不了解山林、险阻和沼泽的地形，是不能行军的；不用当地人做向导，是不能掌握地形便利的。上述三项有一项不懂得，就算不上威武之师。真正的威武之师，如果去攻伐某大国，则该国军民根本就不能征集和组织；由于威武之师的威势，该国也不可能在外交上争取到盟友。所以威武之师不争抢着与诸侯结交，也不在他国培植自己的权势，相信凭着自己的实力和威势，就可以夺取敌人的城池，毁灭敌人的国家。施以超出惯例的奖赏，下达打破常规的命令，号令三军就如同使用一个人。要求部下执行命令，却不告诉他们这样做的意图；用存在的利益激励部下，但不告诉他们可能的危害。只有把军队置于死地，然后才能存活下来；只有军队陷入困境以后，才能拼死搏斗从而求得生路。只有使部众陷入绝境，然后才能取得胜利。所以指挥作战的要领是，摸清敌人的意图，然后集中兵力在一个方向上对敌发动攻击，这样就能在千里之外杀掉敌将，这就是用智谋巧计而能取得成功的原因啊！

所以两国即将发生战争，便要封锁关口，销毁符节，停止使节往来，而集中于廊庙之上谋划研究，以使战争能够取得好的开始和进展。敌人的门户打开，一定要迅速进入。抢先占据要害之地，暗地里寻找作战取胜的时机。要紧密跟踪研究敌军的行动，以便于对战事进行决策。开始时候要像处女一样沉静，使敌人放松戒备；然后像脱兔一样迅速行动，使敌人来不及抗拒。

火攻篇第十二

孙子说：一般所说的火攻有五种，一是焚烧敌军人马，二是焚烧敌军粮草，三是焚烧敌军辎重，四是焚烧敌军仓库，五是焚烧敌军运输设施。

使用火攻必须要有一定的条件，烟火器材必须平时就准备着。使用火攻要选择适当的时候、正确的日子。所谓适当的时候，就是选择气候干燥的时候；所谓正确的日子，是指月亮行经箕、壁、翼、轸四个星宿的时候，因为此时正好是有风的日子。

凡是使用火攻，必须根据五种火攻的变化而以兵力去配合。在敌军内部点火，就应该及早在其外用兵力接应。火势已经烧起来敌人却没有动静，这个时候不要发动进攻。让火一直烧下去直到火势烧到最旺，可以借助火势进攻的就发动进攻，不能借助火势进攻的就停止。火也可以从外面烧起，这就不需要内应了，只要时机条件成熟就可以放火。火在上风向烧起，就不要在下风向发动进攻。白天风刮得很久，晚上风就会停止。行军作战必须懂得五种火攻的变化运用，以便等待时机，发起火攻。所以用火来辅助进攻，其效果是显著的，用水来辅助进攻，其威势是强大的。但是用水攻只能隔绝敌军，却赶走不了敌军。

军队战必胜、攻必取但不能做到适可而止，这是很危险的，可以称之为“耗费资财，淹留不归”。所以说，贤明的君主要认真考虑火攻问题，优秀的将领要认真处理火攻问题。没有好处就不要行动，没有收获就不要使用，不是因为面临危险就不要发动战争。君主不应该因为发怒便兴师动众，将领也不可以一时气愤就发动战争。符合我方的利益才可以采取行动，不符合我方的利益就必须停止。愤怒可以重新转变为欣喜，恼怒也可以重新转变为喜悦，但是国家灭亡了就不能复存，士卒战死了就不能复生。所以贤明的君主一定要非常谨慎，优秀的将领一定要非常警惕，这才是保证国家和军队安全的正确方法。

用间篇第十三

孙子说：出动一支十万人的军队，千里迢迢地去出征国外，百姓的负担、国家的开支，每天都要多达千金；国家内外一片骚动，征发徭役，使百姓疲惫于道路之上，不能正常进行生产生活的多达七十万家。两国军队敌对数年，只为了有朝一日决一胜负。如果吝惜爵禄钱财，不肯使用间谍、不了解敌情，从而导致战争失败，那真是不仁之至了。这种将领绝不是民众的好将领，也不是国君的好助手，并不能够主宰战场的胜负。贤明的君主和优秀的将领能够出动军队而且取得胜利，并且其胜利超出众人之上，是因为事先就掌握了作战信息。事先掌握作战信息不是靠鬼神占卜，也不是靠不适当的类比，更不是靠什么谶纬迷信，而是从人身上获取的，从了解敌情的人的身上获取的。

使用间谍可以分作五种：因间、内间、反间、死间和生间。五种间谍一起使用，使敌人对我用间的方法揣摩不透，这就达到了神妙的境界，这是君主的法宝。所谓因间，就是利用敌国的乡野之人作为间谍；所谓内间，就是利用敌国的官吏作为间谍；所谓反间，就是利用敌国的间谍作为我方的间谍；所谓死间，就是故意散布虚假的情况，让我方间谍知道然后传给敌方间谍；所谓生间，就是派人到敌方侦察，然后送回情报。

所以军队里面的事务，没有比间谍更值得信赖的，没有比间谍得到的赏赐更加优厚的，也没有比用间更加机密的事情。不是才智过人便不能调遣间谍，不是深仁厚义便不能使用间谍，不是掌握细微精妙就得不到间谍的实情。微妙啊，没有地方是不能用间谍的。用间的计划还没有付诸实施便走漏了消息，走漏消息的间谍和他所告诉的人都要被处死。

只要是想兴师出征、攻略城池或杀死某人，必须要预先知道敌方守将、左右亲信、掌管传达通报的官员、负责守门的官吏以及门客幕僚的姓名，务必让我方间谍对其侦察清楚。必须查处敌人派来侦察我方的间谍，然后收买利用他，放他回去做反间之用。从反间那里获知了敌人的情况，便有助于我方使用因间和内间。从反间那里获知了敌方的情况，就可以让死间把虚假的情况告知给敌人了。从反间那里获知了敌方的情况，生间就可以如期地送来情报了。五种使用间谍的方法，主将都必须知道，而反间更是其中的关键，所以对反间不可不给予优厚的待遇。

从前殷国的兴起，是因为起用了夏国的伊挚；周国的兴起，是因为起用了殷国的吕牙。所以贤明的君主和优秀的将领，若能够使用智慧高超的人作为间谍，就一定能成就伟大的功业。这是用兵的关键，整个军队都要依据它来决定行动。